이모티콘
IT 용어

읽으면 톡톡 튀어나오는
이모티콘 IT 용어

2022년 8월 23일 초판 발행

몽구 글 | 곤룬 그림

펴낸이 김기옥 ● **펴낸곳** 봄나무 ● **아동 본부장** 박재성
편집 한수정 ● **디자인** 블루 ● **판매전략팀** 김선주, 서지운 ● **제작** 김형식 ● **지원** 고광현, 임민진
등록 제313-2004-50호(2004년 2월 25일) ● **주소** 121-839 서울시 마포구 양화로 11길 13(서교동, 강원빌딩 5층)
전화 02-325-6694 ● **팩스** 02-707-0198 ● **이메일** info@hansmedia.com
봄나무 인스타그램 https://www.instagram.com/_bomnamu

도서주문 한즈미디어(주) **주소** 121-839 서울시 마포구 양화로 11길 13(서교동, 강원빌딩 5층)
전화 02-707-0337 ● **팩스** 02-707-0198

© 몽구, 곤룬 2022

ISBN 979-11-5613-196-0 73500

● 이 책 내용의 일부 또는 전부를 사용하려면 반드시 저작권자와 봄나무 양측의 동의를 얻어야 합니다.
● 책값은 뒤표지에 나와 있습니다.

들어가며

"컴퓨터나 인터넷 용어는 아무리 봐도 외계어 같아!"

여러분은 이런 생각을 해 본 적 없나요? 여러분만큼이나 저도 클록 주파수, VPN, 운영 체제 등처럼 어려운 IT(Information Technology, 정보 기술) 관련 용어를 볼 때면 머리가 지끈거리고는 했어요.

어느 날, IT 시대에 이런 용어를 모르고 넘어가기에는 너무 많은 것을 놓치고 있다는 생각이 문득 들었어요. 기사나 유튜브 영상을 틀면 NFT, 블록체인, 코딩과 같은 IT 용어가 어김없이 등장했거든요. "안 되겠다! IT 용어 정복이다!"라는 생각으로, 컴퓨터와 관련 있는 기초 용어부터 천천히 알아보았어요. 그리고 전문적인 IT 용어, 그다음으로는 NFT와 같은 IT 응용 기술도 공부를 시작했지요.

공부하는 시간 동안은 결코 쉽지 않았어요. 처음에는 뭐가 뭔지 몰라서 헤매기 일쑤였거든요. 아주 기초적인 용어부터 차근차근 살펴보니 서서히 눈이 뜨이지 않겠어요?

'아, 컴퓨터는 이렇게 이루어져 있구나!'

'이게 이런 뜻이었구나!'

차곡차곡 지식이 쌓이다 보니 컴퓨터와 IT가 정말 신기하고 재미있는 분야라는 사실을 깨달았답니다. 덕분에 이제는 주변에서 "NFT가 도대체 뭐야?", "운영 체제는 뭔데 업데이트를 하라는 거야?"라고 불평하는 사람들에게 은근슬쩍 다가가 알려 줄 수 있을 정도가 됐어요. 그리고 외계어처럼 느껴지던 IT 관련 뉴스나 정보가 술술 읽히고 눈에 들어왔어요. 자, 이제 그다음은 무엇을 할 계획이냐고요? 어린이 여러분과 함께 이 지식을 재미있게 나눌 계획이랍니다.

　IT 용어는 이전의 고사성어나 서양 관용어와 전혀 다른 분야처럼 느껴질지도 몰라요. 확실한 전문성을 띤 지식 용어이기 때문이지요. 그렇다고 미리 걱정할 필요는 없어요. IT 분야는 어른들도 어려워하는 분야이니까요. 지금부터 블루, 몽스, 바바, 래비와 함께 신기하고 놀라운 IT 세상으로 떠나 보아요!

차례

■ 들어가며 _6
■ 나오는 친구들 _11

1장 컴퓨터 용어

하드웨어 _18
CPU _20
메모리 _22
입력 장치 _24
출력 장치 _26
소프트웨어 _28
운영 체제 _30
부팅 _32
프로그래밍 언어 _34
컴파일러 _36
알고리즘 _38
응용 소프트웨어 _40

유틸리티 소프트웨어 _42
프리웨어 _44
백업 _46
버그 _48
서버 _50
파일 _52
UI _54
아이콘 _56
모바일 앱 _58
프런트엔드와 백엔드 _60
슈퍼컴퓨터 _62

2장
IT 기술

IT _68
IP 주소 _70
바이트 _72
네트워크 _74
블루투스 _76
와이파이 _78
인터넷 _80
해킹 _82
방화벽 _84
데이터 암호화 _86

바이러스 _88
피싱 _90
스팸 메일 _92
DDos _94
VPN _96
웹 사이트 _98
HTML _100
멀티미디어 _102
쿠키 _104
SNS _106

3장
IT 기술의 활용

3D 프린터 _112
NFC _114
QR 코드 _116
e커머스 _118
가상 현실 _120
반려 로봇 _122
가상 화폐 _124
NFT _126
인공지능 _128
머신 러닝 _130
드론 _132
딥페이크 _134
메타버스 _136
빅 데이터 _138

사물 인터넷 _140
스마트 러닝 _142
웨어러블 디바이스 _144
유비쿼터스 _146
마이크로 모빌리티 _148
자율 주행 _150
커넥티드 카 _152
GPS _154
스마트 헬스 _156
스마트 팜 _158
스트리밍 _160
생체 인식 기술 _162
홀로그램 _164

■ 찾아보기 _166

나오는 친구들

래비
"오늘은 어떤 장난을 쳐 볼까?"

하루도 조용히 지나가는 날이 없는 사고뭉치 장난꾸러기. 그래서인지 자기 꾀에 자기가 넘어가는 일이 더 많다.

몽스
"많이 먹기로는 누구에게도 지지 않아!"

귀여운 먹보. 엉덩이 춤을 잘 춘다고 소문이 자자하다. 래비와 바바의 장난에 당할 때가 많지만 제대로 화나면 무섭다는데?

바바
"운동하거나 노는 게 제일 좋아♥"

축구를 좋아하는 호기심쟁이. 승부에 욕심이 많아서 종종 블루에게 도전하지만 매번 진다나 어쩐다나?

블루
"다들 왜 공부를 싫어할까?"

공부도 잘하고 운동도 잘하고 심지어 악기 연주도 잘하는 팔방미인. 가끔 보여 주는 엉뚱한 모습은 과연?

1장

컴퓨터 용어

최초의 컴퓨터는 무엇이었을까요? 그리고 어떻게 발전해 오늘날에 이르렀을까요? 컴퓨터의 발전을 간단히 알아보면 이모티콘과 함께 살펴볼 IT 용어들의 이해도 쉬워질 거예요. 컴퓨터와 관련 있는 용어들을 살펴보기에 앞서 '컴퓨터의 역사'를 간단하게 정리할게요.

1 계산기에서 시작한 컴퓨터의 역사

주판 (기원전 26세기경)	네이피어의 계산막대 (1617년)	파스칼의 계산기 (1642년)
중국에서 계산 도구인 주판이 만들어졌어.	쉽게 곱셈할 수 있었던 막대야.	톱니바퀴로 덧셈과 뺄셈할 수 있는 최초의 기계식 계산기야.

라이프니츠의 계산기 (1671년)	배비지의 차분기관과 해석기관 (1820~1830년대)	홀러리스의 천공 카드 기계 (1889년)
파스칼의 계산기를 더 좋게 바꾸어 곱셈과 나눗셈을 했던 기계야.	제어, 연산, 기억, 입출력 등이 가능한 계산 기계였어.	종이 카드에 구멍을 뚫어 자료를 저장하는 천공 카드 시스템이야. 인구 조사 통계에 쓰였어.

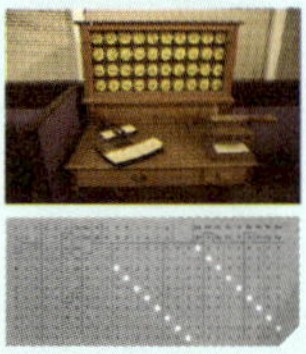

에이킨의 마크-I
최초의 전기 기계식인 자동 계산기야.

이후 계산 기계는 더 발달해서 컴퓨터의 모습을 갖춰 갔어.

2 세대별로 보는 컴퓨터

계산기는 시대를 거듭하여 점점 컴퓨터로 발전했어요. 마침내 계산 외에도 다른 명령들을 능히 해낼 수 있는 컴퓨터가 나타났답니다. 어떤 컴퓨터들이 세상에 나와 사람들을 편리하게 했을까요? 아주 오래전의 컴퓨터부터 오늘날 여러분이 쓰는 컴퓨터까지 알아볼게요.

@ 제1세대 컴퓨터(1951~1958)

1943년, 영국에서 복잡한 로렌츠 암호(Lorenz Cipher)를 풀기 위해 컴퓨터 콜로서스(Colossus)를 개발했어요. 1946년, 미국 육군은 미사일의 궤도를 정확하게 계산하기 위해 컴퓨터 에니악(ENIAC)을 만들었지요. 콜로서스가 먼저 생겼지만 비밀리에 만들어졌기 때문에 사람들에게 알려지지 않았어요. 그래서 에니악을 '최초의 전자식 컴퓨터'라고 불렀어요.

콜로서스와 에니악과 같은 1세대 컴퓨터는 진공관을 사용해 데이터를 처리했어요. 1세대 컴퓨터는 코끼리 6마리와 같은 무게인 30t(톤)에 달하는 아주 커다란 기계였어요. 이때의 컴퓨터는 오늘날의 컴퓨터와 비교하면 아주 느리고 적은 일만 해낼 수 있었답니다. 또 컴퓨터에게 명령을 내리려면 '저수준 언어(35쪽 참고)'라는 아주 어려운 언어를 알아야 했어요. 게다가 이 당시에 컴퓨터를 다룰 수 있는 사람도 아주 적었지요.

콜로서스(1세대 컴퓨터)

에니악(1세대 컴퓨터)

@ 제2세대 컴퓨터(1959~1963)

2세대 컴퓨터는 진공관 대신 훨씬 작고 가벼운 트랜지스터(Transistor, 전자 신호를 바꾸고 크게 해 주는 반도체 장치)를 이용했어요. 덕분에 더 적은 에너지로 많은 계산을 빠르게 할 수 있었답니다. 컴퓨터의 크기도 1세대보다 작아졌고요! 컴퓨터에게 명령을 내릴 수 있는 언어도 조금 쉬워졌어요. 그래도 여전히 어려웠기 때문에 전문가만 컴퓨터를 사용할 수 있었지요.

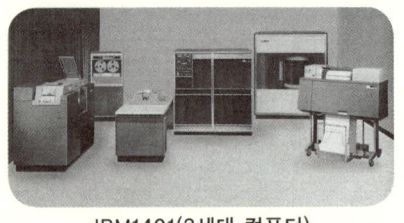
IBM1401(2세대 컴퓨터)

@ 제3세대 컴퓨터(1964~1970)

3세대 컴퓨터는 작은 칩 위에 트랜지스터와 다이오드 등을 나열한 부품인 직접 회로(전기 회로를 이루는 트랜지스터, 다이오드 등이 하나의 반도체 판 위에 붙은 것)를 사용했어요. 덕분에 2세대 컴퓨터보다 훨씬 더 가볍고 뛰어난 성능을 얻을 수 있었답니다. 운영 체제(OS)가 만들어져 여러 프로그래밍을 할 수 있었어요.

Burroughs5500(3세대 컴퓨터)

@ 제4세대 컴퓨터(1971~현재)

4세대 컴퓨터는 하나의 칩에 수많은 전자 회로가 모인 고밀도 직접 회로 또는 초고밀도 직접 회로를 사용해요. 덕분에 이전과 비교할 수 없을 만큼 컴퓨터가 빨라졌어요. 4세대 컴퓨터의 시대에 개인용 컴퓨터가 처음 등장했답니다. 1975년, 로버츠가 개발한 알테어(Altair) 8800은 최초의 개인용 컴퓨터예요. 스마트폰으로 유명한 회사 애플에서 Apple-II, 매킨토시 등 다양한 개인용 컴퓨터가 나왔지요. 시간이 지날수록 더욱 빠르고 작은 컴퓨터가 쏟아져 나오며 오늘날 여러분이 쓰고 있는 컴퓨터까지 온 것이랍니다.

Apple-II(4세대 컴퓨터)

@ 제5세대 컴퓨터

5세대 컴퓨터는 미래의 컴퓨터예요. 인공지능이 들어간 컴퓨터지요. 컴퓨터 스스로 논리적으로 생각할 수 있다고 해요. 수많은 데이터를 바탕으로 사람들에게 더욱 편리한 환경을 만들어 줄 거예요.

3 컴퓨터는 무엇으로 이루어져 있을까?

컴퓨터	
하드웨어	소프트웨어

하드웨어			소프트웨어	
중앙처리장치	기억 장치	입·출력 장치	시스템 소프트웨어	응용 소프트웨어
	RAM	마우스	운영체제 / 컴파일러	워드프로세서 / 스프레드시트
	HDD	프린터		

컴퓨터는 크게 하드웨어와 소프트웨어로 나누어져요. 하드웨어는 컴퓨터의 몸체, 소프트웨어는 컴퓨터의 영혼이라고 말하지요. 하드웨어와 소프트웨어는 둘 가운데 하나라도 없으면 안 될 만큼 서로 가까운 관계예요. 멋진 파트너처럼 서로 도움을 주고받으며 컴퓨터를 작동시켜요.

1장에서는 여러분이 잘 아는 마우스와 모니터에서부터 처음 들어 보는 CPU, RAM까지 컴퓨터가 어떤 장치로 이루어져 있는지 알아보려고 해요. 다음으로는 소프트웨어를 알아볼 거예요. 좋은 하드웨어가 있더라도 하드웨어를 움직이게 할 소프트웨어가 없으면 쓸모가 없어요. 컴퓨터의 관리를 도와주는 운영 체제부터 여러분이 즐기는 게임, 동영상 같은 응용 소프트웨어까지 컴퓨터와 관련한 핵심 개념들을 꼼꼼하게 알아보아요.

하드웨어
Hardware

컴퓨터를 이루는 몸체

모니터, 본체, 마우스, 키보드, 스피커 등이 모두 하드웨어!

하드웨어?

컴퓨터를 이루는 몸과 같은 겉 부분을 '하드웨어'라고 해요. '딱딱한'이라는 하드(Hard)와 '제품'이라는 웨어(Ware)가 더해진 말이에요.

하드웨어 작동에 필요한 것?

하드웨어가 돌아가려면 반드시 소프트웨어가 있어야 해요. 아무리 뛰어난 하드웨어라도 소프트웨어가 없으면 쓸모가 없답니다.

하드웨어 이야기

하드웨어는 원래 '쇠붙이'라는 뜻이었어요. 요즘에는 주로 기계를 이루는 몸체를 가리키는 말로 쓰인답니다. 하드웨어는 크게 '입력 장치, 출력 장치, 연산 장치, 기억 장치, 제어 장치'로 나눌 수 있어요. 전원 장치와 연결 장치를 더해서 나누기도 해요. 이제부터 각각의 하드웨어를 자세히 살펴볼까요? 하드웨어에는 무엇이 있는지 다음 쪽을 넘겨 함께 확인해 봐요.

CPU
Central Processing Unit

컴퓨터의 두뇌

CPU?	클록 주파수
CPU(중앙 처리 장치)는 컴퓨터의 두뇌예요. 컴퓨터의 중요한 정보를 처리하고 주변 기기에 명령을 내린답니다.	CPU가 1초 동안 처리할 수 있는 정보의 양을 '클록 주파수(Clock Frequency)'라고 해요. 클록 주파수가 클수록 좋은 CPU예요.

CPU 이야기

빠르게 날아오는 공을 발견한 몽스의 눈이 "공이 다가오고 있어!"라고 뇌에 전달했어요. 뇌는 "피하지 않으면 공에 맞겠는걸? 피해야겠다."라고 판단했어요. 뇌가 근육에게 피하라고 명령한 덕분에 몽스는 근육을 움직여 공을 피할 수 있어요. 이처럼 컴퓨터에 "동영상을 틀어 줘."라는 명령이 들어오면 CPU가 동영상을 보여 줄 수 있도록 각 부품에 명령을 내려요. 덕분에 여러분은 재미있는 동영상을 볼 수 있지요. CPU는 컴퓨터의 뇌로서 데이터를 처리하고 여러 장치에 역할을 주는 아주 중요한 하드웨어랍니다.

21

메모리
Memory

컴퓨터의 기억 창고

메모리에는 여러 종류가 있어!

메모리?

정보를 저장하는 장치인 메모리는 '기억 장치'라고도 불려요. 하드디스크처럼 컴퓨터의 본체 안에 있는 메모리도 있고, USB나 SD 카드처럼 가지고 다닐 수 있는 메모리도 있어요.

저장 버튼의 모양

저장 버튼(💾)은 플로피 디스켓이에요. 플로피 디스켓은 1970년대부터 2000년대까지 활발하게 쓰인 이동식 디스크예요. 이후 CD와 USB가 발명되면서 점차 보기 힘들어졌답니다.

다양한 메모리의 종류

주기억 장치
- RAM : 읽고 쓰기를 모두 할 수 있고 컴퓨터가 꺼지면 사라지는 메모리.
- ROM : 읽을 수만 있고 컴퓨터가 꺼져도 지워지지 않는 메모리.

보조 기억 장치
- 하드디스크 : 대용량의 프로그램이나 데이터 등을 저장하는 메모리.

기타 저장 장치
- USB : 컴퓨터와 연결이 쉬운 작은 이동식 메모리.
- 메모리 카드 : 카메라와 스마트폰 등에 쓰이는 카드 모양의 메모리.

입력 장치
Input Device
컴퓨터에 명령을 내리기 위해 쓰이는 장치

입력 장치가 없으면 컴퓨터에 명령할 수 없어!

🔘 입력 장치?

입력 장치는 컴퓨터에 명령을 내릴 수 있도록 도와줘요. 입력 장치에는 키보드, 마우스, 조이스틱(게임용), 터치 스크린, 스캐너, 카메라(화상 통화용) 등이 있어요. 이와 같은 입력 장치가 없다면 파일 하나 열기도 힘들 거예요.

🔘 움직임을 감지하는 트랙패드

노트북 자판의 아래쪽에는 네모난 공간이 있어요. 이곳에 손을 대고 움직이면 마우스 커서가 따라 움직여요. 이 장치는 손의 압력이나 정전기를 감지하여 커서를 움직일 수 있는 입력 장치인 '트랙패드(Trackpad)'랍니다.

입력 장치 이야기

마우스로 클릭하거나, 키보드로 검색어를 치는 것처럼 컴퓨터에 명령을 내리는 행동을 '입력'이라고 해요. 입력하려면 마우스나 키보드, 마이크와 같은 입력 장치가 필요해요. 입력 장치에는 신기한 장치들도 여럿 있어요. 센서가 들어 있는 공을 움직여 커서를 움직이기 때문에 손목이 편한 트랙볼, 좌우로 돌리거나 클릭할 수 있는 다이얼 휠, 마우스와 키보드가 합쳐져 클릭과 입력을 같이 할 수 있는 렌투스 보드 등이 있답니다.

출력 장치
Output Device
컴퓨터가 처리한 결과를 전달하는 장치

스피커, 모니터, 프린터, 영상 프로젝터 등이 대표적인 출력 장치야.

출력 장치?
입력 장치로 컴퓨터에 명령을 내리면 컴퓨터는 출력 장치를 통해 결과를 전달해요. 모니터로 보여 주기도 하고 스피커로 들려주기도 하지요.

대표적인 출력 장치 프린터
프린터는 원하는 결과를 종이 위로 옮겨 주는 출력 장치예요. 액체 잉크를 뿌려서 인쇄하는 잉크젯 프린터와 레이저가 지나간 자리에 뿌려진 색깔 가루가 굳어져 인쇄하는 레이저 프린터가 대표적이에요.

출력 장치 이야기

바바가 컴퓨터로 축구 경기를 보고 있어요. 모니터에 축구 선수들의 움직임이 생생하게 나와요. 옆의 스피커에서 힘찬 함성과 심판의 호루라기 소리도 나와요. 와, 바바가 응원하는 팀이 이겼어요! 기분이 좋아진 바바는 제일 좋아하는 선수가 골을 넣는 장면을 프린터로 인쇄했어요. 여기에서 모니터와 스피커, 프린터는 컴퓨터의 출력 장치예요. 출력 장치는 여러분이 동영상이나 문서를 보고 들을 수 있도록 도와주지요.

소프트웨어
Software
하드웨어를 작동시키는 프로그램

소프트웨어?

하드웨어를 움직이는 프로그램을 '소프트웨어'라고 해요. 컴퓨터의 전원 버튼을 누르는 순간부터 다양한 소프트웨어가 움직여 컴퓨터를 작동시킨답니다.

컴퓨터의 레시피, 프로그램

프로그램(Program)은 컴퓨터에 주어지는 명령문이에요. 컴퓨터는 프로그램을 찬찬히 읽어 가면서 그에 맞춰 하드웨어를 움직여요. 사람들이 레시피를 보고 요리하듯요!

소프트웨어 이야기

하드웨어의 하드(Hard)는 딱딱하다는 뜻이라고 했어요. 이와 달리 소프트웨어의 소프트(Soft)는 부드럽다는 뜻이에요. 소프트웨어는 딱딱한 기계인 하드웨어를 부드럽게 작동시키는 프로그램이지요. 소프트웨어에는 시스템 소프트웨어와 응용 소프트웨어가 있어요. 시스템 소프트웨어는 컴퓨터를 작동시키고 기본적인 관리를 해요. 응용 소프트웨어는 그림판이나 게임처럼 특정한 기능을 다뤄요.

운영 체제

OS(Operating System)

컴퓨터를 쓸 수 있도록 바탕이 되는 시스템 소프트웨어

운영 체제 안에서 프로그램들이 잘 움직일 수 있다고!

운영 체제?

운영 체제는 컴퓨터를 관리해 주는 시스템 소프트웨어예요. 하드웨어를 관리하고 응용 소프트웨어가 잘 돌아갈 수 있게 바탕이 되어 줘요.

다양한 운영 체제

윈도우즈	안드로이드	IOS	리눅스
			Linux

운영 체제는 무슨 일을 하나요?

- 컴퓨터의 시동을 걸어요.
- 메모리를 관리해요.
- 파일을 관리해요.
- 인터넷을 연결해요.
- 하드웨어를 작동시켜요.
- 수상한 사용자의 접근을 막아요.

부팅
Booting

컴퓨터를 작동시키는 첫 과정

'부팅'이라는 말이 부츠와 관련이 있다고 해.

부팅?

전원 버튼을 누르면 '우웅' 하는 소리와 함께 컴퓨터가 켜져요. 이렇게 컴퓨터를 사용할 수 있도록 준비하는 단계를 '부팅'이라고 해요.

펌웨어

펌웨어(Firmware)는 컴퓨터의 부팅을 실행하는 소프트웨어예요. 하드웨어를 준비시키고 운영 체제를 불러들이는 펌웨어는 소프트웨어의 기능을 하지만 하드웨어의 안에 있어요. 그래서 하드웨어와 소프트웨어의 특성이 모두 있다고 해요.

부팅 이야기

부팅은 부츠의 뒤에 달린 작은 고리 '부츠스트랩(Bootstrap)'에서 유래했어요. 왜 부츠스트랩이 부팅이 되었는지는 여러 주장이 있어요. 이 가운데 가장 재미있는 설은 《허풍선이 남작의 모험》에 있는 이야기예요. 어느 날, 남작이 늪에 빠지자 자신의 머리채를 잡고 끌어올려 늪에서 빠져나왔어요. 시간이 지나며 남작이 머리채가 아닌 부츠스트랩을 잡아 올렸다고 바뀌었어요. 이 과정이 컴퓨터를 켜는 것과 비슷하다고 해서 부츠를 들어 올리는 과정인 부팅(Booting)으로 불렸다는 거예요. 부츠의 작은 고리가 컴퓨터를 켜는 과정이라는 뜻이 된다니 참 재미있지요?

프로그래밍 언어
Programming Language

인간과 컴퓨터를 연결하는 언어

프로그래밍 언어?

컴퓨터가 쓰는 언어를 '기계어(Machine Language)'라고 부르고 사람들이 쓰는 언어는 '자연어(Natural Language)'라고 불러요. 이 두 언어는 완전히 달라요. 컴퓨터에 명령을 내릴 때, 컴퓨터와 사람을 연결하는 프로그래밍 언어가 쓰인답니다.

다양한 프로그래밍 언어

- C언어 : 에어컨과 자동차처럼 컴퓨터가 아닌 기계를 만들 때 주로 쓰여요.
- 자바(JAVA) : 웹이나 모바일 앱을 만들 때 주로 쓰여요.
- 파이썬(Python) : 인공지능이나 빅 데이터에서 많이 써요.
- C# : 게임이나 VR 프로그램을 개발할 때 많이 써요.

프로그래밍 언어 이야기

기계어를 배우기는 어려워서 컴퓨터와 사람이 소통할 수 있는 프로그래밍 언어가 만들어졌어요. 한국어와 스페인어, 베트남어처럼 여러 언어가 있듯 프로그래밍 언어도 아주 많아요. 또 새로운 프로그래밍 언어가 계속 만들어지고 있답니다. 이 가운데 기계어를 닮아 컴퓨터가 이해하기 쉬운 언어를 '저수준 언어'라고 불러요. 반대로 자연어를 닮아 사람이 이해하기 쉬운 언어를 '고수준 언어'라고 불러요. 프로그램 개발자들은 만들려는 프로그램에 맞는 프로그래밍 언어를 사용한답니다.

컴파일러
Compiler

사람과 컴퓨터를 이어 주는 번역기

중간에서 번역해 주느라 고생이 많아.

컴파일러?

고수준 언어는 사람이 쓰는 언어와 비슷해서 컴퓨터가 이해하기 힘들어요. 그렇기에 고수준 프로그래밍 언어를 기계어로 번역해 줄 '컴파일러'가 꼭 있어야 해요.

다른 번역기 인터프리터

인터프리터(Interpreter)도 컴파일러와 같은 번역기예요. 컴파일러보다 속도는 느리지만 업데이트가 쉬워요.

	컴파일러	인터프리터
장점	실행 속도가 빠르다.	여러 플랫폼에서 실행하기 쉽다.
단점	여러 플랫폼에서 실행하려면 해당 플랫폼용으로 컴파일해야 한다.	실행 속도가 느리다.
종류	C, C++, JAVA, FORTRAN	Python, BASIC

컴파일러 이야기

태국어를 할 줄 몰라도 태국인과 대화할 수 있어요. 구글 번역기나 파파고와 같은 번역기가 한국어를 태국어로 번역해 주거든요. 컴파일러는 고수준의 프로그래밍 언어를 기계어로 옮겨 주는 번역기예요. 컴파일러가 없었다면 사람들은 컴퓨터가 이해하기 쉬운 저수준 언어만 썼을 거예요. 컴파일러 덕분에 더욱 쉽고 효율적으로 프로그램을 개발할 수 있어요!

알고리즘
Algorithm
문제 해결을 위한 방법을 나열한 것

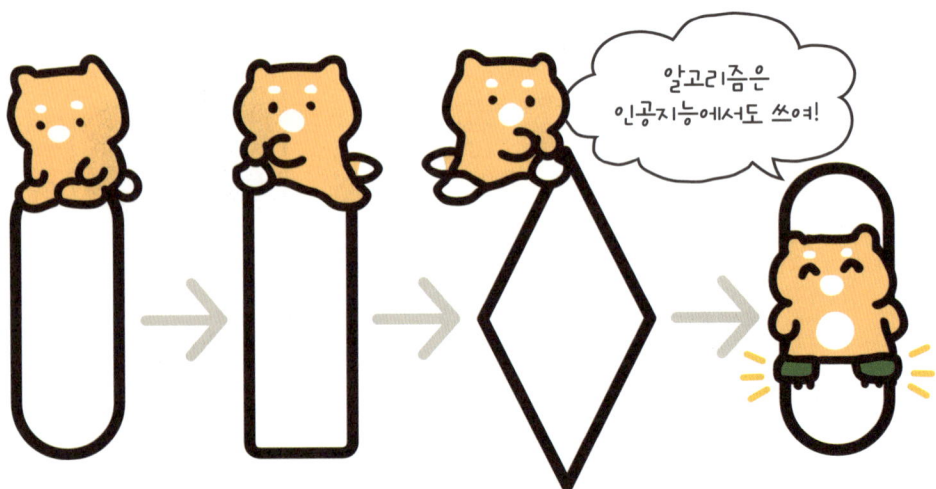

알고리즘?
문제를 해결할 방법을 순서대로 모아 놓은 것을 '알고리즘'이라고 해요. 컴퓨터는 알고리즘에 따라 순서에 맞춰 행동해요.

순서도
순서도는 알고리즘을 알기 쉽게 기호로 나타낸 그림이에요.

기호	설명	기호	설명
	시작 또는 끝		조건을 비교하고 결정해 판단
	데이터 입력, 계산 등의 처리		선택한 값의 인쇄

🧦 양말을 신는 알고리즘

1. 서랍에서 양말을 꺼낸다.
2. 말린 양말을 편다.
3. 편 양말에 구멍이 있으면 다른 양말로 바꾼다.
4. 양말을 신는다.

바바: 으으, 어떡하지?
몽스: 무슨 일이야?
바바: 항상 먹던 라면이 없어졌어.
몽스: 그럼 다른 걸 먹어!
바바: 내 알고리즘에 따르면 그 라면을 꼭 먹어야 해!
몽스: 어휴, 융통성 없기는. 네가 기계야?

순서도로 나타내자

바바가 알고리즘에 따라 양말을 신고 있네요. 순서도로 나타내면 어떻게 될까요? 오른쪽의 알고리즘을 보면서 확인해 보세요.

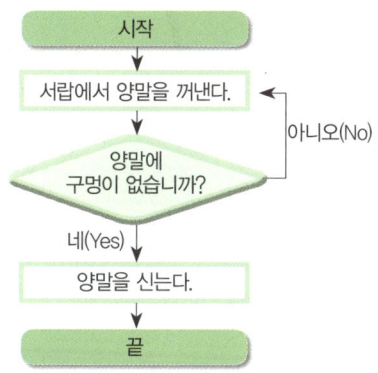

응용 소프트웨어
Application Software
특정한 일을 맡아 하는 소프트웨어

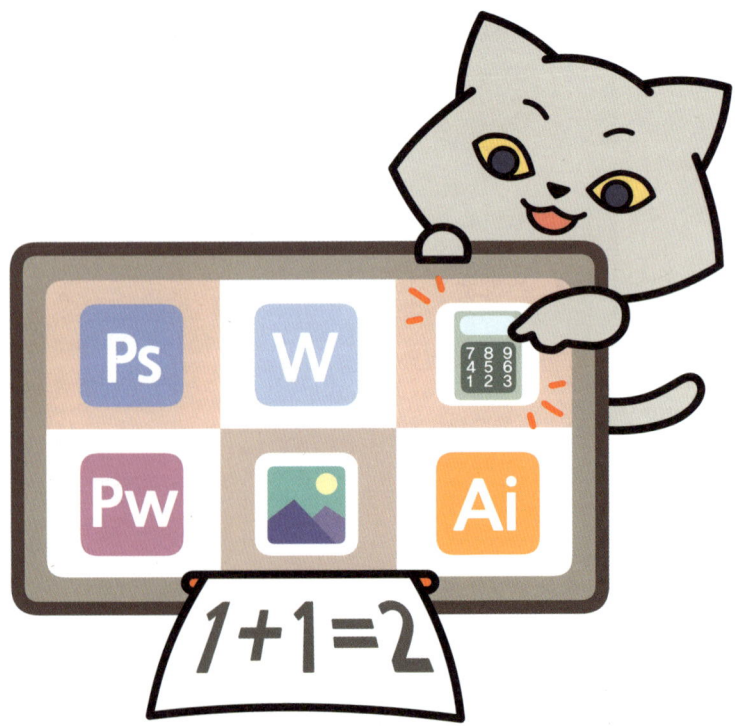

응용 소프트웨어?

파워포인트나 전자책(e-book), 게임처럼 특수한 기능을 하는 소프트웨어를 '응용 소프트웨어'라고 해요. '애플리케이션 혹은 앱'이라고도 불러요.

모바일 앱

'애플리케이션(Application)'이라고도 하는 앱(App)은 원래 응용 소프트웨어를 뜻하는 단어였어요. 스마트폰이 사람들에게 널리 퍼진 뒤 앱은 주로 모바일 기기에서 쓰는 프로그램을 뜻하는 단어로 쓰인답니다.

응용 소프트웨어 이야기

그림을 그리기 위해 이용하는 그림판, 인터넷 검색을 위해 이용하는 웹 브라우저, 시간 가는 줄 모를 만큼 재미있는 게임 모두가 응용 소프트웨어예요. 응용 소프트웨어가 없는 컴퓨터는 팥 없는 붕어빵, 면 없는 라면이라고 해도 지나친 말이 아니랍니다.

유틸리티 소프트웨어
Utility Software

컴퓨터가 더 잘 돌아가도록 돕는 소프트웨어

⊸ 유틸리티 소프트웨어?

응용 소프트웨어가 다양한 기능을 위해 작동한다면 유틸리티 소프트웨어는 컴퓨터를 쓰기 좋은 환경이 되도록 도와줘요. 다시 말해 컴퓨터가 정상적으로 돌아가도록 돕는 시스템 소프트웨어랍니다.

⊸ 무료 유틸리티 소프트웨어

유용하면서 무료인 유틸리티 소프트웨어에는 무엇이 있을까요?
- 알집과 반디집(파일 압축)
- 꿀뷰(이미지 뷰어)
- ShareX(이미지 캡처)

유틸리티 소프트웨어 이야기

유틸리티 소프트웨어는 컴퓨터를 더 좋은 환경에서 이용할 수 있도록 도와줘요. 용량이 커다란 파일을 압축하거나, 바이러스를 잡거나, 하드디스크를 정리하고 바탕 화면을 꾸며 줘요. 또 마우스 포인터를 바꾸고 화면 해상도를 조절하는 등의 일도 한답니다. 유틸리티 소프트웨어는 운영 체제에 있기도 하고 따로 설치할 수도 있어요.

프리웨어
Freeware
무료 소프트웨어

프리웨어?
프로그램을 만든 사람이 나누는 소프트웨어예요. 돈을 내지 않고 쓸 수 있지만 다른 사람에게 돈을 받고 팔면 절대 안 돼요.

다양한 프리웨어 프로그램
- **곰플레이어** : 동영상과 음악을 틀어 주는 프로그램.
- **알집** : 용량이 큰 파일을 압축해 주는 프로그램.
- **반디 카메라** : 화면 캡처 프로그램.

무료 소프트웨어의 분류

	무료 여부	판매	특징
프리웨어	무료	판매 불가	돈을 내지 않고 누구나 쓸 수 있다.
공개 소프트웨어	무료	수정 없이 배포 가능	저작권이 없다.
오픈 소스 소프트웨어	무료	수정 후 배포 가능	프로그램이 아닌 코드를 공개한다.

백업
Backup
손상을 대비해 자료를 복사하는 일

백업?

바이러스가 컴퓨터에 침입하면 저장된 정보가 모두 사라질 수 있어요. '백업'은 컴퓨터에 있는 자료를 미리 다른 곳에 복사해 두는 일이에요. 백업을 하면 이런 갑작스러운 상황에도 문제없어요!

정보 시스템 운영자

정보 시스템 운영자는 컴퓨터가 잘 작동하도록 도와주고 예상하지 못한 상황을 대비해 주기적으로 데이터를 백업하는 직업이에요.

백업 이야기

여러분이 쓰는 일기를 보면 과거에 무엇을 먹었고 어디에 놀러 갔는지 알 수 있어요. 컴퓨터도 이와 비슷하게 일기를 쓴답니다. 여러분의 일기와 다른 점이라면 아주 자세하게 쓴다는 점이에요. 실수로 컴퓨터의 데이터를 삭제하거나, 바이러스가 컴퓨터를 공격해 중요한 파일이 지워졌다고 해도 괜찮아요. 컴퓨터가 이전에 썼던 일기(백업)를 차근차근 읽어 가면서 다시 예전처럼 복구하거든요. 이런 백업을 자주 할수록 저장된 일기가 많으니 언제든지 원하는 과거의 설정으로 돌아갈 수 있답니다.

버그
Bug
프로그램의 오류

버그?
게임을 하다 보면 캐릭터가 이상하게 움직이거나, 아이템을 하나 샀는데 셋이나 주는 등의 오류가 생기고는 해요. 이처럼 게임의 개발자가 의도하지 않은 오류를 '버그'라고 불러요.

디버그
디버그(Debug)는 "해충을 잡는다."라는 뜻의 영어 단어예요. 컴퓨터에서는 "버그를 찾아서 고친다."라는 뜻으로 쓰이고 있답니다.

버그 이야기

최초의 버그는 벌레(Bug) 때문에 생겼어요. 이게 대체 무슨 말일까요? 초창기 컴퓨터에 오류가 생긴 원인을 살펴보니 회로에 나방이 끼어 있었어요. 말 그대로 진짜 벌레 때문에 문제가 생긴 것이었지요. 그 이후로 프로그램의 오류를 '버그'라고 불렀답니다. 앞서 본 "해충을 잡는다."라는 디버그도 비슷한 의미에서 만들어진 용어예요.

서버
Server
많은 서비스를 돕는 컴퓨터

많은 일을 도와주는 컴퓨터계의 웨이터!

서버?

식당에서 음식을 주문하면 웨이터는 맛있는 요리를 가져다주고 음료를 주거나 식사 도구, 접시 등을 챙기며 편안히 식사하도록 도와줘요. 서버는 여러 서비스를 해 주는 웨이터처럼 다른 컴퓨터가 요청한 많은 일을 해 주는 컴퓨터랍니다.

서버 다운

때때로 서버가 할 수 있는 일보다 무리한 요청이 들어올 때가 있어요. 요청들을 지나치게 많이 받으면 서버는 멈춰 버릴 수 있답니다. 이를 "서버가 다운된다."라고 해요.

::: 서버 이야기 :::

블루가 웹 사이트에 로그인하려고 아이디와 비밀번호를 입력했어요. 서버는 데이터에서 아이디와 비밀번호가 들어맞는지 확인하고 로그인해 줘요. 여기에서 블루와 같이 서버에 요청하는 사람이나 컴퓨터를 '클라이언트(Client)'라고 불러요. 클라이언트가 서버에게 로그인, 정보의 검색과 저장, 사진 등의 작업을 요청하면 서버는 이를 빠르게 해낸답니다.

파일
File

컴퓨터 세계에서 운영 체제나 여러 프로그램에서 쓸 수 있는 정보

파일을 넣는 공간은 '폴더'라고 해.

파일?
파일은 프로그램이나 관련 있는 자료들이 모여 이름이 붙은 가장 작은 자료들의 모임이에요.

확장자
파일은 파일의 이름과 그 뒤에 마침표와 함께 적힌 '.hwp, .jpg, .exe'와 같은 '확장자'로 이루어져 있어요. 확장자는 파일의 종류를 알 수 있도록 붙여 둔 글자예요.

여러 가지 확장자

확장자	기능
.jpg / .jpeg	그림, 사진 파일
.png	그림, 사진 파일
.exe	응용 프로그램 파일
.mp3	음성, 음악 파일
.mp4	음악, 동영상 파일
.doc	MS 워드 파일
.hwp	아래 한글 문서 파일

UI
User Interface

사람과 컴퓨터를 잇는 장치나 소프트웨어

사용자 인터페이스의 줄임말이야.

◯— UI?

사용자와 컴퓨터를 이어 주며 정보를 주고받는 장치를 'UI(User Interface)'라고 불러요. 키보드와 아이콘, 애플리케이션 등 사람들과 컴퓨터 사이의 모든 것이 UI랍니다.

◯— 그림으로 된 인터페이스 GUI

옛날에는 파일을 실행하려면 어려운 명령어를 입력해야 했어요. 지금은 그림으로 된 아이콘을 클릭하기만 하면 돼요. 이처럼 그림을 통해 쉽게 다룰 수 있는 UI를 'GUI(Graphic User Interface, 그래픽 사용자 인터페이스)'라고 해요.

UI 이야기

인터페이스는 장치와 장치 또는 장치와 사람을 이어 줘요. UI는 기계 장치일 수도 있고 소프트웨어일 수도 있어요. 기계 장치로는 키보드와 마우스, 스피커 등이 있어요. 소프트웨어로는 아이콘, 폰트 등이 있어요. 갈수록 기술이 발전하면서 인공지능(AI) 비서나 VR 기기와 같은 첨단 기술로 만들어진 UI도 나왔답니다. 앞으로는 어떤 새로운 UI가 생길까요?

아이콘
Icon

컴퓨터에서 사물을 간단히 나타내 주는 그림

그림을 뜻하는 그리스어 에이콘(Eikon)에서 유래했어.

아이콘?

컴퓨터 바탕 화면에는 다양한 아이콘이 있어요. 컴퓨터 모양의 '내 PC', 쓰레기통 모양의 '휴지통' 등처럼 각 아이콘은 어떤 프로그램인지 한눈에 보여 주는 모양이에요.

그림으로 된 언어, 픽토그램

픽토그램(Pictogram)은 누가 보더라도 무엇인지 알 수 있도록 만든 그림이에요. 화장실의 남녀 표시, 버스의 노약자석, 고속도로의 표지판 등에서 볼 수 있어요. 아이콘에도 픽토그램을 사용해 어떤 기능의 파일인지 바로 알 수 있어요.

아이콘 이야기

아이콘을 보면 어떤 프로그램인지 알 수 있어요. 하지만 누구나 쓰는 비슷한 모양의 평범한 아이콘은 싫다고요? 아이콘에 들어갈 그림을 바꿔 보세요. 아이콘을 우클릭한 뒤에 [속성] ➔ [사용자 지정]에 들어가 [아이콘 변경]을 클릭해 보세요. 파일의 아이콘을 여러분이 원하는 그림으로 바꿀 수 있답니다. 너무 자주 바꾸면 헷갈릴 수 있으니 조심하고요!

모바일 앱
Mobile App

스마트폰용으로 만들어진 응용 소프트웨어

이동성 통신 기기를 '모바일'이라고 해.

모바일 앱?

여러분은 응용 소프트웨어에서 앱이 무엇인지 간단히 알아봤어요(40쪽). 모바일 앱은 스마트폰과 태블릿 PC 등의 모바일 환경에 맞춰진 응용 소프트웨어예요.

모바일 앱 개발자

여러분만의 모바일 앱을 만들고 싶은가요? 모바일 앱 개발자는 게임과 음악, SNS와 같은 앱을 만드는 직업이에요. 모바일 앱 개발자가 되려면 프로그래밍 지식과 창의력이 필요하답니다.

모바일 앱 이야기

모바일 앱은 PC용 응용 소프트웨어보다 만들기 까다로워요. 스마트폰과 태블릿 PC의 종류가 많아 각각에 맞춰 화면이나 기능을 조정해야 하거든요. 심지어 IOS와 안드로이드처럼 사용하는 운영 체제가 다르면 다른 프로그래밍 언어로 한 번 더 만들어야 할 수도 있어요. 최근에는 스마트폰 시장이 커지면서 더욱 많은 사람이 모바일 앱을 개발하고 있어요. 만들기는 어렵지만 직접 만든 앱을 많은 사람이 사용할 수 있으니 무엇보다 보람차기 때문이에요.

프런트엔드와 백엔드

Front-end와 Back-end

시스템에서 앞과 뒤의 역할

프런트엔드와 백엔드를 모두 다루는 개발자를 '풀스택 개발자'라고 해.

○━ 프런트엔드와 백엔드?

프런트엔드는 사용자가 직접 사용하는 프로그램을 뜻해요. 반대로 백엔드는 사용자에게는 보이지 않는 프로그램을 뜻해요.

○━ 서버와 클라이언트

앞에서 서버와 클라이언트가 무엇인지 살펴보았어요. 보이지 않는 곳에서 작업 요청을 행하는 서버와 관련된 프로그램은 백엔드, 클라이언트가 직접 보는 화면과 관련된 일을 하는 프로그램은 프런트엔드와 관련이 깊어요.

프런트엔드와 백엔드 이야기

앱이나 사이트를 잘 운영하려면 프런트엔드와 백엔드가 조화롭게 돌아가야 해요. 프런트엔드 개발자들은 UI(사용자 인터페이스)와 관련된 일을 맡아서 아이콘을 화면에 배치하거나 팝업 창을 설정하기도 해요. 백엔드 개발자들은 서버를 관리하고 사용자의 정보가 노출되지 않도록 도와줘요. 프런트엔드 개발자와 백엔드 개발자는 서로 정보를 주고받으며 사람들이 프로그램을 편리하게 이용할 수 있도록 도와준답니다.

슈퍼컴퓨터
Super Computer

엄청난 정보를 빠르고 오랫동안 처리할 수 있는 컴퓨터

슈퍼컴퓨터?

슈퍼맨에게는 보통 사람들보다 훨씬 뛰어난 능력이 있어요. 슈퍼컴퓨터는 컴퓨터계의 슈퍼맨이라고 볼 수 있어요. 평범한 컴퓨터가 하지 못하는 어려운 일을 쉽게 해낼 수 있거든요.

슈퍼컴퓨터는 언제 쓰일까?

게임을 하거나 문서를 만드는 일은 여러분이 쓰는 컴퓨터(PC)로 충분해요. 우주선을 만들거나 기상 예측처럼 엄청나게 복잡한 정보들을 처리해야 한다면 일반 컴퓨터가 아닌 슈퍼컴퓨터를 사용해야 해요.

슈퍼컴퓨터 이야기

컴퓨터는 크기와 능력에 따라 개인용 컴퓨터(PC), 소형 컴퓨터, 중형 컴퓨터, 대형 컴퓨터, 슈퍼컴퓨터 등으로 나뉘어요. 이 가운데 슈퍼컴퓨터는 성능이 아주 뛰어나요. 슈퍼컴퓨터 가운데에서도 가장 뛰어난 컴퓨터는 일본에서 만든 후가쿠(Fugaku, 2021년 순위 기준)예요. 다음으로 뛰어난 컴퓨터는 미국에서 만든 서밋(Summit)이지요. 우리나라의 기상청에서 사용하는 슈퍼컴퓨터 구루는 27위를 차지했어요. 뛰어난 슈퍼컴퓨터의 순위는 해마다 달라진다고 해요. 과연 올해의 1위는 어떤 컴퓨터일까요?

IT(Information Technology)는 '정보 기술'이라는 뜻이에요. 오래전부터 사람들은 정보를 주고받으며 세상을 발전시켜 왔어요. 기술이 발전하면서 정보를 주고받는 방법도 빠르고 안전해졌지요. 먼 옛날, 사람들은 어떤 방법으로 정보를 주고받았을까요?

1 선사 시대 – 어딘가에 정보를 남겨라!

문자를 쓰기 전이었던 선사 시대는 석기 시대와 청동기 시대로 나뉘어요. 사람들은 가족이나 친구, 옆 부족의 사람들과 소통하기 위해 언어를 발전시켰어요. 언어가 발전하면서 많은 것이 달라졌어요. 언어를 통해 약속을 잡을 수도 있고 사냥감이 어디에 있는지, 어떤 식물에 독이 있는지 등의 정보를 주고받을 수 있었거든요.
시간이 흐른 뒤 사람들은 '이런 정보를 어딘가에 남겨 여러 사람이 볼 수 있게 하면 좋겠다!'라고 생각했어요. 그래서 동물의 뼈나 동굴의 벽 등에 그림이나 기호로 정보를 남겼답니다.

2 삼국 시대부터 조선 – 문자의 탄생과 정보의 폭발

언어나 그림으로도 정보를 남길 수는 있었지만 자세하면서도 수많은 정보를 오랫동안 보관하기는 힘들었어요. 그 끝에 사람들은 '문자'를 만들었답니다. 문자가 생기면서 정보는 더욱 폭발적으로 늘어났어요. 무엇인가에 정보를 기록할 수 있었거든요. 덕분에 말로 전할 때보다 더 빠르고 효과적으로 정보를 전할 수 있었어요. 오래전에 일어났던 사건이라도 적혀만 있다면 생생하게 체험할 수 있었지요. 사람들은 적이 쳐들어오거나, 산사태 등의 자연재해가 일어났을 때도 정보를 빠르게 전달할 방법도 발명했어요. 북이나 종으로 큰 소리를 내거나 봉화대에 불을 붙여 연기를 먼 곳까지 볼 수 있도록 한 거예요. 동물을 이용해 정보를 전달하기도 했는데 매나 비둘기의 다리에 편지를 묶어 소식을 주고받았답니다.

3 조선 후기부터 오늘날까지 - 전화기

1896년, 우리나라에 전화기가 생겼어요. 전화기는 방에서도 원하는 사람에게 빠르고 안전하게 정보를 전할 수 있었어요. 이때 사용한 전화기는 자석식 전화기였답니다. 당시에 전화를 사용하려면 교환원이 있어야 했어요. 전화를 걸면 교환원이 통화를 원하는 사람과 이어 주었지요.

시간이 더 흐른 뒤 다이얼식 전화기가 발명되었어요. 원하는 사람의 전화번호를 알면 교환원이 없더라도 직접 전화를 걸 수 있었어요. 그래서 전화번호를 입력할 번호판인 다이얼이 생겨났답니다. 1990년대에 들어서면서 이동식 전화기가 나타났어요. 언제 어디서든지 전화할 수 있는 시대가 왔지요.

---

4 오늘날 - 인터넷의 발전

1969년, 미국은 대학교 네 곳을 연결하기 위해 연결망 아르파넷(ARPANET)을 설치했어요. 아르파넷을 이용하면 컴퓨터끼리 직접 선으로 연결하지 않아도 자유롭게 데이터를 주고받을 수 있었답니다. 처음에는 군사용 아르파넷을 개발하였지만 시간이 지나고 민간용 네트워크가 되었어요. 이게 바로 여러분이 알고 있는 '인터넷'이에요.

사람들은 인터넷으로 전 세계에 있는 사람들과 자유롭게 정보를 주고받아요. 여러분의 방에서 페루 사람과 이야기할 수 있고 영국 사람이 올린 동영상도 볼 수 있어요. 그야말로 정보의 바다를 자유롭게 헤엄친다고 할 수 있어요.

IT
Information Technology
정보 기술

'ICT'라고도 하는 IT는 주목받는 기술 가운데 하나야!

IT?
정보를 만들고, 저장하고, 주고받고, 처리하고, 지키는 기술이에요.

IT와 ICT
IT는 '정보 기술'이고, ICT(Information and Communications Technology)는 '정보 통신 기술'이에요. ICT는 IT보다 통신을 강조한 단어이지요. 하지만 큰 차이가 없어 두루 쓰이고 있답니다.

IT 이야기

미래의 유망 산업인 6T는 다음과 같아요.

- 정보 기술(IT : Information Technology)
- 생명 공학 기술(BT : Bio Technology)
- 환경 공학 기술(ET : Environmental Technology)
- 나노 기술(NT : Nano Technology)
- 우주 항공 기술(ST : Space Technology)
- 문화 콘텐츠 기술(CT : Cultural Technology)

이 가운데 가장 주목받는 기술은 정보 기술이에요. 정보 기술의 발달로 내일의 날씨를 예측하고 지구 반대편에서 일어나는 일을 실시간으로 알 수 있어요.

IP 주소
Internet Protocol Address

컴퓨터의 고유 주소

172.163.254.145

내 IP 주소를 간단하게 확인할 수 있어.

⊶ IP 주소?

모든 건물에는 주소가 있어요. 남산타워의 주소는 서울 용산구 남산공원길 105예요. 마찬가지로 컴퓨터마다 있는 고유한 주소를 'IP'라고 부른답니다.

⊶ IP 주소 확인 방법

그렇다면 내 컴퓨터의 IP 주소는 어떻게 알 수 있을까요? 네이버나 다음과 같은 인터넷 사이트에 'IP 주소 확인'이라고 검색해 보세요. 검색한 뒤 나온 숫자가 바로 여러분 컴퓨터의 IP 주소랍니다(스마트폰으로도 할 수 있어요).

IP 주소 이야기

최대 12개의 숫자로 이루어진 IP 주소는 PC뿐만 아니라 노트북이나 스마트폰처럼 인터넷을 할 수 있는 모든 기기에 있어요. IP 주소는 IP version 4 주소(IPv4)가 많이 쓰여요.

32비트			
8비트	8비트	8비트	8비트

IPv4 주소는 32비트 길이의 식별자로 0.0.0.0~255.255.255.255까지의 숫자로 이루어져 총 네 구간으로 나뉘어요. 서로 다른 주소 약 43억 개를 줄 수 있답니다. 오늘날에는 인터넷을 쓰는 사람들이 크게 늘어나면서 IPv4 주소가 없어지고 있대요. 이를 해결하려고 IPv6 주소가 나타났어요.

바이트
Byte

데이터의 양을 나타내는 기본 단위

바이트가 모이고 모이면 엄청난 크기의 정보가 돼!

1BYTE

◦— 바이트?

"이 문서의 용량은 61KB(킬로바이트)입니다."
이 문장에서 볼 수 있는 바이트는 파일의 용량을 나타내는 기본 단위예요. 'B 또는 Byte'라고 써요. 용량을 나타내는 숫자가 클수록 많은 정보를 저장할 수 있답니다.

◦— 단위

- 바이트(B) = 1B
- 킬로바이트(KB) = 1,024B
- 메가바이트(MB) = 1,024KB = 1,048,567B
- 기가바이트(GB) = 1,024MB = 1,048,567KB
  = 1,073,741,824B
- 테라바이트(TB) = 1,024GB = 1,048,567MB
  = 1,073,741,824KB
  = 1,099,511,627,776B

바이트 이야기

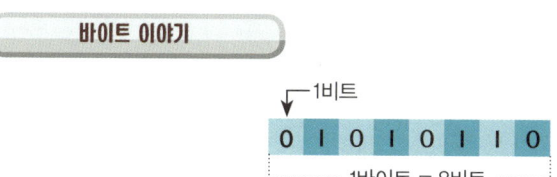

컴퓨터는 1과 0으로 이루어진 2진법을 써요. 위의 그림에서 한 칸을 1비트(Bit)라고 불러요. 1비트에는 1 또는 0이 저장될 수 있어요. 비트 8개가 모이면 1바이트예요. 8비트에는 정보가 256종류나 들어갈 수 있어요. 이를 통해 숫자와 글자, 기호 등을 표현할 수 있답니다.

네트워크

Network

컴퓨터와 컴퓨터를 잇는 망

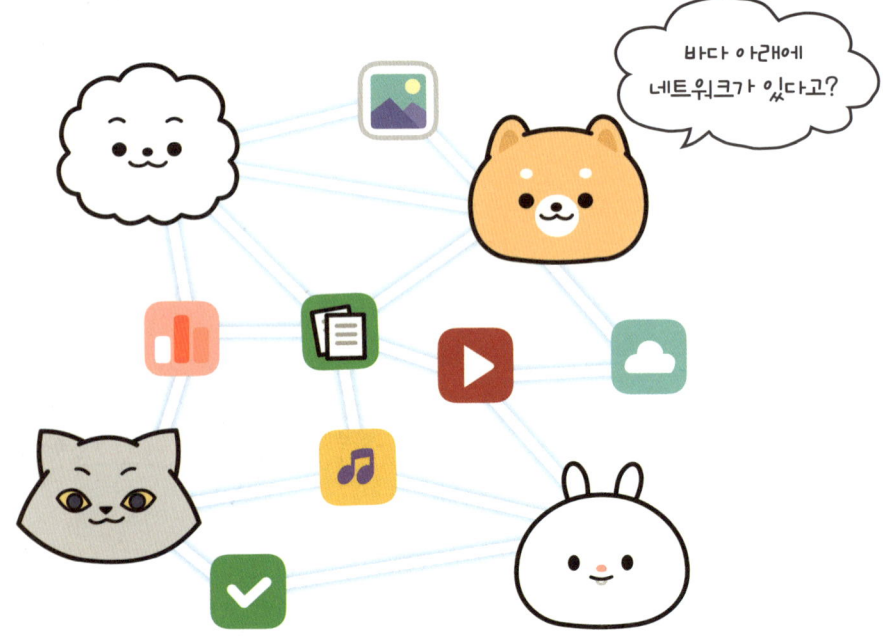

바다 아래에 네트워크가 있다고?

⊙— 네트워크?

다른 사람과 통신할 수 없는 컴퓨터라면 얼마나 답답할까요? 인터넷은 물론, 온라인 게임을 하거나 정보를 주고받을 수도 없어요. 네트워크는 컴퓨터와 컴퓨터 사이에 데이터를 주고받도록 이어 주는 망이에요.

⊙— 바다 아래의 통신 케이블

바다 아래에는 전 세계를 연결하는 네트워크 '해저 케이블'이 있어요. 이곳을 통해 인터넷 데이터 대부분이 이동한답니다. 대륙과 대륙, 나라와 나라, 땅과 섬을 이어 데이터와 전기를 주고받아요. 가끔 상어와 같은 해양 동물이 해저 케이블을 공격해서 고장이 나기도 한대요.

네트워크 이야기

컴퓨터와 컴퓨터가 정보를 주고받으려면 이들을 이어 줄 '케이블'이 필요해요. 이렇게 연결된 컴퓨터의 집합을 '컴퓨터 네트워크'라고 불러요. 단순히 컴퓨터가 이어져 있다고 통신이 되는 건 아니에요. 스마트폰이 있어도 아무나와 통화할 수 없듯이. 각자의 스마트폰에 있는 번호를 알아야 원하는 사람에게 전화를 걸 수 있어요. 마찬가지로 컴퓨터 고유의 주소(이 주소가 IP 주소임을 눈치 챘다면 아주 훌륭해요!)를 알아야 서로 통신할 수 있답니다.

블루투스
Bluetooth

근거리 무선 연결 기술

동시에 여러 기기를 연결할 수도 있어.

블루투스?

스마트폰과 무선 이어폰을 연결하려면 블루투스가 필요해요. 블루투스 연결은 선이 없이도 가까운 기기를 연결할 수 있답니다.

적외선 통신

적외선 통신은 블루투스만큼 우리에게 익숙한 근거리 무선 통신이에요. 리모컨의 버튼을 누르면 리모컨의 앞쪽에서 붉은빛이 나와요. 리모컨은 이 적외선으로 TV와 통신한답니다.

블루투스 이야기

해럴드 블루투스 곰슨(Harald Bluetooth Gormsson)은 덴마크의 왕이에요. 갑자기 덴마크의 왕이 왜 나오냐고요? 이름을 보고 눈치 챈 친구들도 있을 거예요. 블루투스는 덴마크의 왕 해럴드 블루투스 곰슨의 이름에서 유래했어요. 그는 스칸디나비아반도(유럽 북쪽에 있는 땅)의 여러 지역을 통일한 왕이랍니다. 주변의 여러 기기를 연결하는 블루투스 기술과 잘 어울리는 인물이지요?

와이파이

WiFi(Wireless Fidelity)

선 없이 인터넷을 연결할 수 있는 기술

와이파이?

와이파이는 '무선 인터넷'이라고도 불러요. 와이파이가 통하는 곳에서는 인터넷을 자유롭게 쓸 수 있어요. 다만 와이파이 공유기와 가까운 곳에서만 이용할 수 있답니다.

핫 스폿

"나 핫 스폿 좀 켜 줘!"라는 말은 이미 익숙할 거예요. 핫 스폿(Hot Spot)은 '무선 통신을 할 수 있는 지역'이라는 뜻이에요. 스마트폰에서 핫 스폿 기능을 켜면 여러분의 스마트폰이 와이파이 공유기가 되어 주변 사람들이 인터넷을 이용할 수 있답니다.

와이파이 이야기

와이파이는 오늘날, 사람들에게 꼭 필요한 기술이에요. 와이파이 덕분에 스마트폰과 노트북, 태블릿 PC 등에서 인터넷에 접속할 수 있답니다. 스마트폰이 빠르게 퍼지면서 버스, 공항, 지하철 등 다양한 공공시설에서 와이파이를 갖추었어요. 이렇게 나라에서 제공하는 와이파이를 '공공 와이파이'라고 해요. 공공 와이파이 덕분에 사람들은 어디서든지 빠르게 인터넷을 이용할 수 있어요. 다만 많은 사람이 쓸 수 있는 만큼 해킹을 조심해야 해요. 인적 사항을 물어보거나 와이파이가 느려진다면 사용하지 않도록 해요.

인터넷
Internet

전 세계를 연결하는 컴퓨터 통신망

가장 큰 네트워크 통신망이야.

인터넷?

앞에서 네트워크가 기기 사이의 연결이라고 살펴봤어요. 전 세계의 컴퓨터가 이어진 네트워크의 집합을 '인터넷'이라고 부른답니다.

월드 와이드 웹(WWW)

인터넷 사이트의 주소 앞에는 항상 'WWW'라는 말이 있어요. WWW는 '월드 와이드 웹(World Wide Web)'의 약자예요. 인터넷에서 정보를 쉽게 찾을 수 있도록 만든 인터넷 망을 가리킨답니다.

인터넷 이야기

앞에서 '인터넷'이라는 단어가 여러 번 나왔어요. 하지만 '인터넷이 도대체 뭔데?'라고 생각한 친구는 없을 거예요. 무엇인지 설명할 필요도 없을 만큼 인터넷은 여러분에게 친숙한 단어니까요. 인터넷 덕분에 이탈리아에 있는 사람과 게임을 즐길 수도 있고 가나에서 사는 사람이 올린 동영상을 볼 수 있어요. 이처럼 인터넷 세상은 세계의 여러 사람을 만나는 장소예요. 그만큼 상대방을 존중하는 마음으로 예의를 지키며 소통해야 하는 장소이기도 하지요.

해킹
Hacking

다른 컴퓨터 시스템에 몰래 침입하는 행위

해킹?

해킹은 다른 사람의 컴퓨터에 허락 없이 침입하는 행동이에요. 침입만이 문제가 아니라 파일을 망가트리거나 중요한 문서를 복사해 훔쳐 가기 때문에 반드시 조심해야 해요.

화이트 해커

해킹을 하는 사람을 '해커(Hacker)'라고 불러요. 그런데 착한 해커도 있다는 사실을 알고 있나요? 나쁜 해커(블랙 해커 또는 크래커)의 공격을 막기 위해 프로그램의 약점을 살펴보는 사람들을 '화이트 해커(White Hacker)'라고 해요.

해킹 이야기

세계에서 가장 유명한 해커 단체는 '어나니머스'예요. 어나니머스(Anonymous)는 '익명'이라는 뜻의 영어 단어예요. 이름처럼 전 세계에서 신분을 밝히지 않고 비밀스럽게 활동하는 해커들이 모인 집단이지요. 처음에 어나니머스는 미국의 유머 사이트에서 장난처럼 등장했어요. 시간이 지날수록 함께하는 해커들이 늘어나면서 국제 정보 기관을 해킹하기도 하고 유명한 사람들의 비밀을 캐 세상에 알렸어요. 이들은 인터넷 검열과 감시를 반대하며 해킹을 한답니다. 꾸준히 이런 활동을 이어 오던 어나니머스는 전 세계에서 가장 유명한 해커 집단이 되었어요.

방화벽

Firewall

보안을 위해 불법 접근을 막는 시스템

방화벽?

인터넷에서는 여러 사람과 정보를 주고 받을 수 있어요. 그만큼 누가 여러분의 컴퓨터에 몰래 침입하거나 공격할 위험도 있지요. 방화벽은 이런 불법 침입을 막아 주는 시스템이에요.

프록시 서버

방화벽이 있다면 어떻게 외부와 통신할 수 있을까요? 프록시 서버(Proxy Server)가 있다면 문제없어요. 프록시 서버는 본 서버를 대신해 외부와 소통해 주기 때문에 안전하게 통신할 수 있답니다.

방화벽 이야기

방화벽은 화재가 터졌을 때 '불을 막는 벽'이라는 뜻이에요. 그렇다면 컴퓨터의 방화벽은 컴퓨터에 불이 나는 것을 막아 줄까요? 아니에요. 불 대신에 해킹과 같은 옳지 못한 접근을 막아 준답니다. 잠깐! 그렇다면 백신과 똑같은 게 아닐까요? 방화벽과 백신 모두 컴퓨터를 지켜 준다는 공통점이 있어요. 이 둘은 어떻게 다를까요? 백신은 컴퓨터에 이미 침입한 바이러스를 없애 주고 방화벽은 바이러스가 들어오기 전에 미리 막아 준다는 차이점이 있답니다.

데이터 암호화
Data Encryption
데이터를 암호로 바꾸는 것

데이터 암호화?
중요한 어떤 정보를 다른 사람이 알 수 없도록 암호로 바꾸는 과정이에요. 암호화를 하면 데이터를 훔치더라도 무슨 정보인지 알 수 없어요.

암호화와 복호화
암호화는 데이터를 암호로 만드는 과정이에요. 반대로 암호를 해석해서 다시 데이터로 만드는 과정을 '복호화'라고 해요.

데이터 암호화 이야기

데이터를 보호해 주는 여러 가지 장치가 있어요. 그중 하나가 데이터 암호화예요. 와이파이와 같은 무선 인터넷 환경은 해킹에 약해요. 데이터 암호화가 있다면 해킹을 당하더라도 정보를 안전하게 보호할 수 있어요. 처음에는 암호를 바꾸는 방법만 알아내면 쉽게 해석할 수 있어 보안에 약했지만 이를 보완하기 위해 암호화 키가 생겼어요. 암호를 바꾸는 방법을 알더라도 암호화 키를 모른다면 풀 수 없답니다. 암호화는 쉽게 풀 수 없도록 지금도 발전하고 있어요.

바이러스
Virus

컴퓨터를 공격하는 악성 프로그램

바이러스?
컴퓨터에 들어와 파일과 프로그램을 망가트리는 나쁜 프로그램이에요. 일반 바이러스와 구분하기 위해 '컴퓨터 바이러스'라고도 불러요.

바이러스를 잡는 백신
백신은 몸에 병균이 들어와 병에 걸리는 것을 막아 주는 주사예요. 컴퓨터 백신은 컴퓨터 바이러스의 침입에 대비해 설치하는 프로그램이에요. 바이러스를 찾아 없애 주기에 컴퓨터에 반드시 있어야 하는 프로그램이지요.

바이러스 이야기

바이러스는 몸에 들어와 세포를 파괴하고 똑같은 바이러스를 만들며 수를 늘려 가요. 컴퓨터 바이러스는 바이러스와 정말 닮았어요. 컴퓨터에 들어와 수를 늘리고 프로그램과 파일을 망가트리거든요. 컴퓨터 바이러스가 한 번 들어오면 완전히 없애기는 쉽지 않아요. 그런데 재미있는 바이러스도 있답니다. 갑자기 컴퓨터 아이콘이 와르르 무너지거나, 무서운 사진이 나타나 사용자를 깜짝 놀라게 하는 바이러스처럼요. 이런 바이러스들은 컴퓨터를 크게 망가트리지는 않아요. 하지만 아무래도 바이러스에 걸리지 않는 게 가장 좋겠지요?

피싱
Phishing
다른 사람이나 기관이라고 속여 정보를 훔치는 범죄

피싱?

피싱 범죄자는 다른 사람으로 위장해서 누군가에게 메일이나 메시지를 보내요. 받는 사람의 연락처와 주소, 은행 정보와 같은 소중한 정보를 노리고서 말이지요.

보이스 피싱

전화로 상대방을 속여 정보나 돈을 가져가는 범죄를 '보이스 피싱(Voice Phishing)'이라고 해요. 보이스 피싱은 감쪽같고 다양한 수법으로 발달해 큰 사회 문제로 떠오르고 있어요.

피싱 이야기

피싱은 가족이나 기업 심지어 공공 기관인 척을 해서 누군가의 정보나 재산을 빼내요. 모르는 번호로 연락이 와서 돈이나 정보를 요구한다면 더욱 조심해야겠지요? 스마트폰이 고장 났다며 친구나 가족이 번호를 바꿨다고 하면 이전 번호로 전화해서 확인해 보세요. 게임 아이템을 준다거나, 캐시를 충전해 준다는 연락도 의심하세요. 온라인에서 조건 없이 무언가를 준다고 하면 피싱일 확률이 높답니다.

스팸 메일
Spam Mail
원치 않는 사람들에게도 보내는 광고성 메일

스팸 메일?

때때로 원하지 않은 광고 메일이 올 때가 있어요. 모르는 사람들에게서 일방적으로 받은 광고성 메일을 '스팸 메일'이라고 해요.

필터링

사이트에서는 대부분 스팸 메일을 자동으로 걸러서 스팸 메일함에 넣어 줘요. 덕분에 스팸 메일을 자주 보지 않을 수 있지요. 이렇게 광고성 메일과 받아야 할 메일을 걸러 주는 기능을 '필터링(Filtering)'이라고 해요.

스팸 이야기

밥과 함께 먹으면 정말 맛있는 햄 스팸을 잘 알지요? 이 맛있는 스팸이 어쩌다가 '광고성 메일'이라는 뜻으로 쓰이고 있을까요? 1937년에 미국에서 스팸이 처음 만들어졌어요. 회사는 스팸을 널리 알리려고 열심히 광고했지요. 하지만 지나치게 광고한 탓이었는지 사람들은 스팸 하면 자연스럽게 '과한 광고'를 떠올렸어요. 시간이 지나 인터넷이 발달하면서 광고성 메일이 생겼어요. 사람들은 이런 메일에 지나친 광고의 대명사가 된 스팸을 붙여 '스팸 메일'이라고 불렀답니다.

DDos
Distributed Denial of Service Attack

여러 컴퓨터로 동시에 공격해 시스템을 마비시키는 행위

DDos에 걸리면 꼼짝할 수 없어!

DDos?

DDos는 '디도스'라고 읽어요. 컴퓨터의 시스템이 견딜 수 없을 만큼 어마어마한 규모로 공격하여 꼼짝할 수 없게 하는 행위예요.

과부하

모든 시스템은 한 번에 처리할 수 있는 양이 정해져 있어요. 정해진 양을 훨씬 넘는 정보들이 쏟아져 들어오면 회로가 뜨거워져 시스템이 느려지거나 멈춰요. 이런 상태를 '과부하'라고 해요.

DDos 이야기

DDos는 '분산 서비스 거부 공격(Distributed Denial of Service Attack)'이라는 뜻이에요. 말 그대로 역할을 나눈 여러 컴퓨터가 한 번에 하는 공격이지요. DDos 공격을 하기 위한 여러 대의 컴퓨터를 어떻게 갖추는 걸까요? 해커는 미리 여러 컴퓨터에 악성 코드를 심어 놔요. 이 컴퓨터들이 좀비처럼 바뀌어 해커가 내리는 명령에 맞춰 일제히 DDos 공격을 한답니다.

VPN
Virtual Private Network
안전한 인터넷 전용 망

인터넷에서 만든 가상의 망이야.

○── VPN?
따로 안전하게 만든 망을 이용해 인터넷을 할 수 있도록 하는 서비스예요.

○── VPN은 무슨 일을 할까?
- 사용자의 IP 주소를 감춰 줘요.
- 인터넷에서 받은 정보를 암호화해요.
- 특정한 나라에서만 접속할 수 있는 웹 사이트를 해외에서도 접속하게 해 줘요.

VPN 이야기

회사에는 밖으로 절대 빠져나가서는 안 될 정보가 많아요. 따라서 정보를 주고받을 때 인터넷이 아닌 특별한 회선을 사용해요. 이 회선은 가격이 아주 비싸다는 단점이 있어요. 이런 값비싼 회선 대신에 VPN이 나타났어요. 인터넷에서 가상으로 만든 VPN 덕분에 기업과 개인은 여러모로 편리해졌어요. VPN은 암호화 기술로 정보를 보호해 줘 많은 곳에서 두루 쓰이고 있답니다.

웹 사이트
Website

인터넷에 있는 정보 창고

웹 사이트?
장난감 회사에서 로봇의 정보를 정리한 문서, 인형의 정보를 정리한 문서를 모두 연결하여 인터넷에 선보였어요. 이 문서들의 집합을 '웹 사이트'라고 해요.

하이퍼링크
웹 사이트의 한 아이콘을 클릭하면 다른 페이지로 이동할 수 있어요. 이렇게 웹 페이지와 웹 페이지의 연결을 '하이퍼링크(Hyperlink)'라고 해요.

웹 사이트 이야기

웹 사이트와 웹 페이지, 홈페이지 모두 똑같은 용어 같아서 헷갈리지 않나요? 예를 들어서 차이를 살펴볼게요. 네이버라는 '웹 사이트'가 있어요. 네이버에서 기사를 클릭하면 내용을 보여 주는 '웹 페이지'가 나와요. 메일을 클릭하면 메일함을 보여 주는 '웹 페이지'가 나와요. 즉, 네이버라는 '웹 사이트'는 다양한 '웹 페이지'의 조합이지요. 홈페이지는 크롬이나 파이어폭스 등과 같은 인터넷을 열었을 때 가장 먼저 보이는 화면이에요. 홈페이지는 내가 원하는 웹 페이지로 정할 수 있어요.

HTML
Hypertext Markup Language

웹 사이트를 만들 때 쓰이는 언어

> 웹 사이트의 뼈대를 만드는 언어야.

HTML?
웹 사이트를 만들 때 쓰는 언어예요. 여러분이 방문하는 웹 사이트 대부분이 HTML을 통해 만들어졌어요.

CSS와 자바 스크립트
HTML만 있어도 웹 사이트를 만들 수 있어요. 하지만 웹 사이트를 멋지게 꾸미려면 HTML과 함께 CSS와 자바 스크립트를 써야 해요.

웹 사이트 제작 용어 이야기

근사한 웹 사이트를 만들려면 다음과 같은 언어들이 필요해요. 각각 어떤 역할을 하는지 알아볼까요?

이름	설명
HTML	웹 사이트의 뼈대를 만드는 언어.
CSS	HTML로 만들어진 웹 사이트가 보기 좋도록 색상, 글꼴, 크기, 레이아웃 등을 입혀 꾸며 주는 언어.
자바 스크립트	HTML과 CSS로 만들어진 웹 사이트에 명령을 내렸을 때 알맞게 반응하도록 동작을 넣거나 동작을 바꿀 수 있게 해 주는 언어.

멀티미디어
Multimedia

영상과 음성, 문자 등으로 정보를 전달하는 콘텐츠

동영상도 게임도 모두 멀티미디어!

멀티미디어?

멀티미디어는 '다수'라는 뜻의 멀티(Multi)와 '매체'라는 뜻의 미디어(Media)가 더해진 용어예요. 이름처럼 그림·영상·문자 등 여러 매체가 섞인 정보이지요.

뉴 미디어

옛날에는 신문과 방송이 정보를 전하는 주된 매체였어요. 오늘날에는 기술이 발전하면서 콘솔 게임, 영상, SNS 등 여러 미디어가 생겼어요. 이런 미디어들을 '뉴 미디어(New Media)'라고 해요.

멀티미디어 이야기

초등학생에게 가장 인기 많은 직업이 '유튜버'라는 소식은 들어 보았지요? 그만큼 멀티미디어는 사람들의 삶에 깊이 녹아 있어요. 멀티미디어는 TV, 스마트폰, 컴퓨터와 같은 전자 기기를 통해 쉽게 접할 수 있답니다. 멀티미디어의 종류는 동영상과 콘솔 게임, 온라인 수업 프로그램 등 나열하기가 힘들 만큼 많아요. 이 가운데 여러분이 가장 좋아하는 멀티미디어는 무엇인가요?

쿠키
Cookie

웹 브라우저에서 임시로 저장하는 이용자의 정보

쿠키?
자주 들어가는 웹 사이트에서 로그인 창을 클릭만 했는데도 아이디와 비밀번호가 나타날 때가 있어요. 이는 웹 브라우저의 방문 기록인 쿠키를 읽어 자동으로 로그인 준비를 마쳤기 때문이에요.

광고에도 쓰이는 쿠키
쿠키를 보면 사용자가 어떤 웹 페이지를 방문했는지 알 수 있어요. 그래서 광고 회사들은 쿠키를 분석해 여러분이 좋아할 만한 물건을 띄워 광고해요.

쿠키 이야기

쿠키는 'http 쿠키'라고도 불러요. 서버와 클라이언트가 주고받는 정보인 '매직 쿠키'에서 이름이 유래했지요. 사용자가 웹 브라우저에 접속하면 방문 기록이나 로그인 정보 등을 임시로 기록해요. 다음에 사용자가 같은 사이트에 방문하면 정보를 불러 자동으로 로그인을 해 주기도 해요. 쿠키가 노출된다면 범죄로 이어질 수 있어 쿠키의 정보는 암호로 이루어져 있답니다. 이런 쿠키들에도 유효 기간이 있어서 어느 정도 시간이 지나면 사라져요.

SNS
Social Networking Service
인터넷에서 사람들끼리 소통하게 해 주는 서비스

나를 표현할 수 있는 공간이야.

SNS?

SNS는 '사회 네트워크 서비스(Social Networking Service)'의 줄임말이에요. 인터넷에서 사람들이 서로 교류하며 사회 활동을 하게 도와주지요. 친하게 지내던 친구가 다른 학교에 간다 해도 걱정 없어요. SNS로 소식을 주고받을 수 있으니까요.

영어인 듯 영어 아닌 SNS

외국인에게 SNS라고 말한다면 이해를 못 할 수도 있어요. SNS는 주로 한국에서 쓰이는 말이거든요. 외국에서는 SNS 대신 '소셜 미디어(Social Media)'라고 한답니다.

SNS 이야기

SNS는 인터넷에서 소통할 수 있는 서비스예요. 인스타그램과 페이스북, 트위터 등 다양한 매체가 있지요. 주로 글과 사진으로 소통하던 SNS도 새로운 형태가 나타나고 있어요. 바로 제페토나 로블록스와 같은 참여형 SNS가 그 주인공이에요. 이러한 플랫폼에서는 가상의 공간에서 아바타로 접속해 다른 사람들과 만날 수 있어요. 글과 사진보다 더 생생하게 다양한 경험을 나눌 수 있어 많은 인기를 얻고 있답니다.

3장 IT 기술의 활용

전문가들은 미래에 유망한 기술들을 '6T'라고 불러요. 물론 이 6T에는 IT 기술도 있어요. 6T에는 IT 기술 외에 어떤 기술들이 있고 어떤 일을 하는지 자세히 알아볼게요. 이 가운데 여러분이 알고 있는 기술이 있는지 잘 살펴보세요.

1 IT(Information Technology) 정보 기술

정보를 주고받고 처리하고 저장하는 기술이에요. '정보 통신 기술(ICT)'이라고도 불러요. IT 기술을 응용한 것에 무엇이 있는지 이번 장에서 살펴볼 수 있어요.

2 BT(Bio Technology) 생명 공학 기술

생명과 관련된 기술이에요. 심장이 나쁜 사람에게 인공 심장을 만들어 주고 눈이 보이지 않는 사람에게 새로운 눈을 만들어 줘요. 사람들이 먹는 식량을 더욱 풍족하게 만들어 주기도 해요. 가뭄에도 튼튼하게 잘 자라는 벼를 만들어 수확량을 일정하게 유지하거나 일반 토마토보다 영양분이 훨씬 많은 토마토를 만들기도 해요. 생명 공학 기술은 생명체를 다루면서 사람들이 건강하게 오래 살 수 있도록 도와줘요.

3 NT(Nano Technology) 나노 기술

1m는 100cm예요. 1cm가 100개 모이면 1m이지요. 1m는 1,000,000,000nm(나노미터)예요. 1nm가 1,000,000,000개 모여야 1m가 되지요. 이처럼 아주 작은 범위를 다루는 나노 기술은 현미경이 필요해요. 맨눈으로는 볼 수 없을 만큼 아주 작은 세계를 다루고 있거든요. 나노 기술로 아주 정밀한 컴퓨터 칩을 만들기도 하고 약의 성분을 맞추기도 해요.

4 ET(Environmental Technology)
환경 공학 기술

사람들을 둘러싼 환경 관련 기술이에요. 사람들이 지구에 살면서 공장을 세우고 자동차를 만든 탓에 환경 오염은 아주 심각해졌어요. 지구 온난화도 생겨났고요. 지구의 온도가 계속 올라가면서 북극과 남극의 얼음이 녹고 섬나라들은 수면 아래로 가라앉고 있어요. 이대로라면 사람들은 지구에서 살아갈 수 없을지도 몰라요. 환경 공학 기술 연구자들은 지구를 다시 회복시키기 위해 노력하고 있어요. 또 지구에서 일어나는 여러 자연재해를 예측하고 대비한답니다. 미래에는 자연재해를 미리 막을 수도 있다고 해요.

5 CT(Cultural Technology)
문화 콘텐츠 기술

문화 콘텐츠 기술은 문화 산업과 관련된 기술이에요. 콘텐츠 기획, 미디어 업로드, 홍보 등과 같은 문화의 가치를 높이는 기술이지요. 유튜브 기술도 문화 콘텐츠 기술이에요. 문화 콘텐츠 기술에는 아주 강한 힘이 있어요. 피겨의 여왕 김연아, 한국인 최초이자 아시아 최초로 프리미어 리그 득점 왕을 달성한 손흥민, K-POP과 K 드라마는 우리나라의 가치를 전 세계로 널리 알린 자랑스러운 문화 콘텐츠 기술이랍니다.

6 ST(Space Technology)
우주 항공 기술

우주선이나 비행기와 같은 비행 물체와 관련 있는 기술이에요. 하늘 위에 떠 있는 인공위성은 사람들에게 여러 정보를 줘요. 지도 위에 사람들의 위치를 나타내 주기도 하고 날씨를 예측해 준답니다. 사람들은 우주의 사진을 찍기 위해 성능이 좋은 카메라가 있는 망원경을 쏘아 올리기도 해요. 허블 망원경은 아주 넓은 우주에 아름다운 행성이 많다는 사실을 알려 줬어요. 그리고 2021년 12월에 제임스 웹 망원경이 우주로 쏘아 올려졌답니다. 제임스 웹 망원경은 앞으로 사람들에게 새롭고 신비로운 사실들을 알려 줄지도 몰라요.

3D 프린터
3D Printer

입체적인 물체를 인쇄할 수 있는 프린터

도면만 있다면 무엇이든지 만들 수 있어!

3D 프린터?

이전의 프린터는 종이 위에만 그림이나 글을 인쇄했어요. 3D 프린터는 입체적인 물체를 인쇄할 수 있어요.

3D 프린터로 전하는 희망

세계적인 비영리 단체 〈이네이블링 더 퓨처〉는 3D 프린터로 희망을 전하고 있어요. 손이나 팔을 잃은 아이들에게 3D 프린터로 세상에서 단 하나뿐인 의수를 만들어 주고 있답니다.

3D 프린터 이야기

3D는 '3차원'이라는 뜻이에요. 점은 1차원, 선은 2차원, 여러분이 사는 세상은 입체적인 3차원이지요. 3D 프린터는 적층형 프린터와 절삭형 프린터로 나눌 수 있어요. 적층형 프린터는 얇은 층을 하나하나 쌓아 올리며 물건을 만들어요. 절삭형 프린터는 큰 덩어리를 깎아서 물건을 만들어요. 현재 나와 있는 3D 프린터는 대부분 적층형 프린터랍니다.

NFC

Near Field Communication

근거리 무선 통신 기술

아주 가까운 거리에서만 통신할 수 있어.

NFC?

버스에서 교통 카드를 대면 삐빅 소리와 함께 결제돼요. 이는 NFC 기술로 카드와 단말기가 통신을 주고받은 결과예요.

비콘

NFC 외에도 '비콘(Beacon)'이라는 무선 통신 장치가 있어요. 비콘은 NFC보다 먼 거리에서 통신할 수 있어 사람들에게 관심을 받고 있답니다.

> **NFC 이야기**

NFC는 10cm 안의 가까운 거리에서 무선 통신을 할 수 있는 기술이에요. 카드 결제처럼 중요한 정보를 안전하게 주고받아야 할 때 주로 쓰이지요. 그런데 NFC의 짧은 통신 거리는 단점이 될 수 있어요. 사용자가 스마트폰을 통신하려는 기기에 직접 터치해야 하고 읽어 들이는 정보에서 악성 데이터가 있을 수 있거든요. 이런 상황에서는 NFC보다 통신 거리가 긴 비콘을 사용한답니다.

QR 코드
Quick Response Code
정사각형 모양의 2차원 코드

QR 코드?

바코드와 비슷하지만 쓰임새나 정보 등에서 바코드보다 발전한 코드예요. 길이가 긴 인터넷 주소(URL)나 사진, 동영상, 지도, 명함 등을 무엇이든 QR 코드에 담을 수 있어요.

바코드

QR 코드 이전에는 바코드로 정보를 표시했어요. 가게의 물건을 살펴보면 검은 선들이 일렬로 그려진 바코드를 찾아볼 수 있답니다.

QR 코드 이야기

'빠른 반응(Quick Response)'이라는 뜻의 이름처럼 찍기만 하면 빠르게 원하는 정보를 얻을 수 있는 기술이에요. QR 코드를 자세히 보면 꼭짓점 3개에 큰 사각형이 있어요. QR 코드를 찍으면 프로그램은 3개의 사각형을 순서에 맞춰 배치해요. 어느 방향으로 찍어도 정확하게 정보를 읽어 들일 수 있답니다. QR 코드는 개인의 의료 정보, 결제, 사진이나 동영상 링크 등 다양한 곳에서 쓰여요. 또 인터넷만 있으면 누구나 간단하게 만들 수 있어요.

e커머스

electronic Commerce

인터넷에서 물건을 사고파는 행위

손가락만 움직이면 해외에서 물건을 살 수 있네?

e커머스?

'전자는'을 뜻하는 Electronic과 '상업'을 뜻하는 Commerce가 더해진 e커머스는 '전자 상거래'라고도 해요. 물건은 물론이고 광고나 서비스 등을 사고파는 것도 모두 e커머스예요.

소셜 커머스

소셜 커머스(Social Commerce)는 SNS에서 이루어지는 전자 상거래를 뜻해요. SNS를 통해 많은 사람이 모여서 구매하기 때문에 더욱 값싸게 살 수 있어요.

e커머스 이야기

여러분은 집 밖에 나가지 않아도 무엇이든 살 수 있어요. 옷, 음식, 주방 세제, 장난감 등 원하는 물건은 모두 받을 수 있지요. 배송 속도도 빨라서 원한다면 다음 날에 바로 받을 수 있어요. 이렇게 좋은 e커머스에도 꼭 장점만 있지는 않아요. 인터넷으로 샀던 옷이 사진과 많이 다르거나 몸에 맞지 않는 경우가 왕왕 있거든요. 오프라인에서든 온라인에서든 현명한 소비가 필요하답니다.

가상 현실
VR(Virtual Reality)

사람이 현실 세계처럼 행동할 수 있는 만들어진 세계

가상 현실을 즐기려면 VR 기기가 있어야 해.

가상 현실?

가상 현실은 컴퓨터로 만든 또 하나의 세계예요. 현실에서 할 수 없었던 일들을 디지털 속 가상 세계에서 할 수 있어요.

가상 현실에서 할 수 있는 일

가상 현실에서는 게임만 할 수 있는 게 아니에요. 스키와 같은 동계 스포츠를 여름에도 즐길 수 있고 살고 싶은 집을 신기하고 다양한 재료로 지을 수 있어요. 또 사막에서 눈이 내리는 모습을 볼 수도 있지요. 가상 현실에는 정말 놀라운 일이 가득하답니다.

가상 현실 이야기

프로그램으로 만들어진 가상 현실은 VR 기기를 통해 들어갈 수 있어요. 가상 현실에서는 비행기를 조종해 볼 수도 있고, 조종한 비행기로 달에 가 볼 수도 있지요. 가상 현실 이외에도 게임 <포켓몬 GO>와 같은 증강 현실(AR)도 있어요. 증강 현실은 현실 세계에 가상의 이미지를 겹쳐서 보여 주는 기술이에요. 가상 현실은 계속 발전하고 있어서 사람들에게 편리함과 재미를 줄 예정이랍니다. 가상 현실이나 증강 현실과 같은 기술 덕분에 여러분 앞에는 더욱 멋있는 세계가 펼쳐질 거예요.

반려 로봇
Companion Robot
사람과 함께 가족처럼 지내는 로봇

모습도 기능도 다양한 반려 로봇이 있어.

> **반려 로봇?**
>
> 반려 로봇은 반려동물처럼 사람과 감정을 나누고 일상에서 생활이 편리하도록 돕는 로봇이에요. 반려 로봇도 다양한 종류가 나와서 사람들에게 기쁨을 주고 있어요.

> **학습 로봇**
>
> 함께 놀면서 공부도 할 수 있는 로봇이라면 그야말로 일석이조지요? 이런 로봇을 '학습 로봇'이라고 불러요. 영어 학습용 로봇도 있고 코딩 학습용 로봇도 있답니다.

반려 로봇 이야기

반려 로봇은 반려동물처럼 사람에게 애교를 부리기도 하고 위급한 상황에는 비상 연락을 해 주기도 해요. 어떤 반려 로봇이 있는지 알아볼까요?
- 헥사(Hexa) : 머리 위에 식물이 있는 반려 로봇이에요. 식물이 빛을 원할 때 햇빛을 찾아가고 물을 마실 때면 발을 동동 구르면서 애교를 부려요.
- 아이보(Aibo) : 강아지 로봇이에요. 진짜 강아지처럼 이곳저곳을 돌아다니며 주인에게 놀아 달라며 떼를 쓰기도 한답니다.
- 러봇(Lovot) : 사랑을 받기 위해 만들어진 로봇이에요. 털이 있으며, 동물과 비슷한 체온이 있답니다. 안아 주면 아주 좋아한대요.

가상 화폐
Virtual Money

은행 없이 자유롭게 거래할 수 있는 화폐

가상 화폐?

가상 화폐는 자유롭게 거래할 수 있는 디지털 화폐예요. '암호 화폐'라고도 불러요.

블록체인

가상 화폐는 블록체인(Blockchain) 기술 덕분에 안전하게 거래할 수 있어요. 정보가 담긴 블록이 사슬(체인)처럼 이어져 있다고 해서 블록체인이라고 하지요.

가상 화폐 이야기

은행의 서버가 망가져서 기록이 사라지면 누군가 돈을 보냈다는 사실이 사라질 수도 있어요. 심지어 그 사람의 돈이 없어질 수도 있지요. 이를 막으려고 나온 화폐가 가상 화폐예요. 만화처럼 가상 화폐인 당근 코인을 샀다는 사실을 기록한 래비가 다른 사람들에게도 이 사실을 알려 줘요. 모든 사람의 컴퓨터에 래비가 당근 코인을 샀다는 사실이 기록돼요. 한 사람의 컴퓨터가 망가지더라도 다른 사람들에게 기록이 있어서 안전하답니다. 모든 컴퓨터가 기록해야 하는 만큼 많은 에너지를 사용해야 한다는 단점이 있지만요.

NFT
Non-Fungible Token

하나밖에 없는 가상 화폐

나만의 NFT를 만들 수 있어.

NFT?
이 세상에 단 하나밖에 없는 가상 화폐예요. 이 가상 화폐는 게임 아이템, 사진, 동영상 등 여러분이 원하는 모양으로 정할 수 있어요.

크립토키티
크립토키티(CryptoKitties)는 고양이를 만들고 거래하는 게임이에요. 여기에서 나오는 고양이들은 모두 NFT예요. 세상에 하나밖에 없는 고양이들이지요.

NFT 이야기

비트코인이나 이더리움과 같은 가상 화폐들은 그 수가 많아요. 세상에 10000원이나 1000원짜리 지폐가 여러 장 있는 것처럼요. NFT는 세상에 단 하나뿐인 가상 화폐예요. 그리고 이 NFT는 저마다의 고유 번호가 있어요. 다른 사람이 가짜를 만들더라도 번호가 달라서 진짜가 아니라는 것을 알아차릴 수 있지요. 독특한 NFT도 있답니다. 자신의 셀카나 1년 동안의 방귀 소리를 모아 NFT를 만든 사람도 있어요.

인공지능
AI(Artificial Intelligence)

사람의 지능을 구현한 컴퓨터 프로그램

여러 사물 가운데 내가 원하는 것도 문제없이 찾을 수 있어!

인공지능?

사람처럼 스스로 생각하고 판단할 수 있는 프로그램이에요. 인공지능은 게임, 광고, 의료 등 다양한 분야에 쓰이고 있어요.

기술적 특이점

인공지능이 발달하다 보면 언젠가 사람보다 똑똑해지는 순간이 올 거예요. 이 시점을 '기술적 특이점(Technological Singularity)'이라고 해요.

인공지능 이야기

2016년, 이세돌 9단과 구글이 만든 인공지능 알파고의 놀라운 바둑 대결이 있었어요. 모두가 이세돌 9단이 승리하리라 예상하였지만 결과는 연이은 알파고의 승리였어요. 네 번째 경기에서 드디어 이세돌 9단이 승리했지요. 마지막 경기는 다시 알파고의 승리였지만 이세돌 기사에게 모두가 박수를 보냈답니다. '혹시 인공지능이 사람을 지배하는 거 아니야?'라는 생각에 걱정이 되었나요? 아직 다재다능한 인공지능은 나오지 않았어요. 바둑만 잘하는 인공지능, 그림만 잘 그리는 인공지능처럼 한 가지만 잘할 수 있는 수준이지요. 사람처럼 여러 일을 할 수 있는 인공지능은 개발하기가 아주 힘들다고 해요.

머신 러닝
Machine Learning

인공지능이 사람처럼 학습하는 행위

머신 러닝?

머신 러닝은 인공지능이 정보 처리를 배우는 과정이에요. 프로그램이 해야 할 일을 사람이 하나하나 코딩으로 알려 주지 않아도 인공지능이 스스로 학습할 수 있어요.

딥 러닝

딥 러닝(Deep Learning)은 머신 러닝의 한 방법이에요. 나날이 발전해 가는 컴퓨터와 기술은 인공지능에게 아주 많은 정보를 보여 줄 수 있었어요. 이렇게 많은 정보를 바탕으로 컴퓨터가 학습하여 더욱 뛰어난 인공지능이 만들어졌어요.

머신 러닝 이야기

이세돌 9단을 이긴 알파고는 처음부터 똑똑했을까요? 알파고는 엄청난 정보를 학습하는 머신 러닝의 한 가지 방법인 딥 러닝으로 바둑 실력을 쌓았어요. 3억 4000만 번의 딥 러닝이 이루어진 결과 바둑의 고수가 되었지요. 이처럼 머신 러닝이 발전하면서 AI의 전성기가 찾아왔어요. 이제 인공지능은 바둑을 넘어서 그림을 그리는 방법과 정보를 선별하는 방법 등을 배우고 있어요.

드론
Drone

무선으로 조종할 수 있는 비행 물체

벌레만큼 작은 드론도 있어.

드론?

무선으로 조종하는 비행 물체예요. 날개 돌아가는 소리가 벌의 날갯짓 소리와 닮아 '벌이 웅웅대는 소리'라는 뜻의 '드론(Drone)'이라는 이름이 붙었답니다. 드론은 사람이 가지 못하는 위험한 지역도 빠르게 탐사할 수 있어요.

드론의 날개는 몇 개?

드론에는 날개가 달려 있어요. 이 날개의 프로펠러가 빠르게 돌며 드론을 떠오르게 하지요. 드론이 한쪽으로 치우치지 않도록 날개의 개수는 짝수랍니다.

드론 이야기

방송을 보다 보면 하늘에서 내려다보며 찍은 장면이 나와요. 이는 카메라 기능이 있는 드론을 하늘 위로 띄워 촬영한 장면이에요. 지역 탐사, 배달 외에도 드론은 특별한 일도 할 수 있답니다. 하늘을 날아다닐 수 있는 드론을 이용하면 멋진 '쇼'를 선보일 수도 있어요. 2018년, 평창에서 열린 동계 올림픽의 개막식에서 한국의 드론이 전 세계 사람들의 눈을 사로잡았어요. 약 1200개의 드론이 보드를 타는 사람과 오륜기 등을 아름답게 표현해 밤하늘을 수놓았답니다. 놀랍게도 이 드론 쇼의 조종자는 단 한 명이었대요.

딥페이크

Deepfake

인공지능 기술로 만들어진 가짜 동영상

딥페이크?

인공지능이 한 사람의 행동이나 말투를 학습하여 진짜 그 사람이 행동한 것 같이 감쪽같은 영상을 만드는 기술이에요.

가짜뉴스

오늘날에는 다른 사람인 척할 수 있는 딥페이크 기술을 악용한 가짜뉴스(Fakenews)가 많이 생겼어요. 딥페이크 기술이 날로 발전하면서 가짜뉴스를 알아차리기 더욱 어려워졌답니다.

딥페이크 이야기

예술가 살바도르 달리는 1989년에 생을 마감했어요. 2019년, 달리가 미술관의 영상에 다시 등장했어요. 어찌 된 일일까요? 영상 속의 달리는 딥페이크 기술로 인공지능이 생전 달리의 말투와 표정을 익혀 만든 것이었지요. 누군가 장난으로 만든 딥페이크 영상에 모두가 깜빡 속아 넘어가듯 딥페이크 영상은 진짜와 가짜를 구분하기가 힘들어요. 그래서 범죄에 이용되기도 한답니다. 아무리 좋은 기술이라도 나쁘게 쓰인다면 아무런 소용이 없겠지요?

메타버스
Metaverse

현실 세계처럼 만들어진 가상 세계

가상에서 펼쳐지는 또 다른 사회야.

🔗 메타버스?

메타버스는 현실에서와 똑같이 여러 활동을 할 수 있도록 만들어진 세계예요. 돈을 주고받을 수도 있고 직업을 가질 수도 있어요. 그야말로 또 다른 현실이지요.

🔗 가상 현실과 메타버스

메타버스는 가상 현실의 한 종류예요. 단순히 게임을 즐기거나, 체험을 넘어 사람들과 문화, 경제 등을 교류할 수 있는 공간이지요.

메타버스 이야기

최근에 메타버스가 유행하고 있어요. 예상하지 못한 바이러스로 유행성 감염병이 빠르게 퍼지며 전 세계 사람들이 밖으로 나가지 못하기 때문이에요. 집에만 있어야 하는 답답함을 견디지 못한 사람들은 메타버스를 찾았어요. 가상 현실에 있는 집에서 일하거나, 수업을 듣거나, 콘서트를 관람할 수 있는 메타버스의 시대가 사람들을 찾아왔답니다. 물론 계속 발전해야 하는 단계라 보완해야 할 점이 많아요. 나중에는 여러분이 상상도 못 한 경험을 할 수도 있으니 기대를 갖고 지켜봐야겠지요.

빅 데이터
Big Data

엄청나게 많은 정보

수많은 정보에서 좋은 정보를 찾아야 해!

빅 데이터?

인터넷에는 헤아릴 수 없을 만큼 많은 정보가 있어요. 음료수에 대한 간단한 정보부터 국가 기밀까지 어마어마한 정보가 쏟아지고 있답니다. 이렇게 많은 정보와 이것들을 분석하는 기술을 '빅 데이터'라고 해요.

단순히 많다고 좋은 게 아니야

많은 데이터를 모은다고 해서 꼭 좋은 건 아니에요. 이 가운데 중요한 정보를 잘 골라낼 수 있어야 하지요. 기업들은 꼭 필요하고 도움이 되는 정보를 선별하는 기술을 개발하고 있답니다.

빅 데이터 이야기

서초구는 빅 데이터로 범죄가 일어나는 지역을 분석해 사건과 사고를 막아 주고 있어요. 지나가는 사람의 표정이나 행동을 분석해 범죄를 예상하는 거예요. 쿠팡은 소비자가 물건을 사는 주기를 기억해서 식용유나 로션 등이 떨어질 때쯤 같은 물건을 추천한다고 해요. 이처럼 빅 데이터는 의료, 경제, 교육 등의 다양한 분야에서 쓰여요. 빅 데이터 덕분에 편리한 삶을 살 수 있지만 한편으로는 모르는 사이에 사람들의 정보를 기업이나 나라에서 사용할 수도 있어요. 여러분은 빅 데이터의 편리함과 사생활 보호 가운데 무엇이 더 중요하다고 생각하나요?

사물 인터넷
IoT(Internet of Things)

주변 사물이 인터넷으로 이어져 다양한 서비스를 하는 기술

스마트폰으로 집을 조종할 수 있어.

⊶ 사물 인터넷?
여러분 주변의 사물을 인터넷과 연결하는 기술이에요. 집 안의 가구에서부터 길거리의 버스까지 온갖 사물이 이어질 수 있어요.

⊶ 사물 인터넷을 이용한 범죄
사물 인터넷이 널리 퍼진 세상에서 해커가 여러분의 집을 해킹하면 큰일이에요. 보일러를 잠그거나, 와이파이를 끊을 수도 있거든요.

사물 인터넷 이야기

여러분 주변에 있는 물건이 인터넷과 연결되기 시작했어요. 집이 더러워지면 로봇 청소기가 자동으로 청소해 줘요. 스마트폰으로 집의 조명을 켜거나 끌 수 있고 냉장고에 어떤 음식이 있는지 볼 수 있어요. 집 밖에서도 사물 인터넷이 쓰이고 있어요. 버스가 인터넷에 연결되어 여러분이 타려는 버스가 어디쯤 와 있고 몇 분 뒤에 정류장에 도착하는지 바로 볼 수 있어요. 이렇게 사물 인터넷이 보다 많은 곳에서 쓰이면서 더욱 편리한 세상이 펼쳐지고 있답니다.

스마트 러닝
Smart Leaning

장소에 얽매이지 않는 학습

스마트 러닝?
학교나 학원에 가지 않아도 스마트폰이나 태블릿으로 수업을 들을 수 있어요. 배우는 장소뿐만 아니라 영어, 뜨개질, 만화 그리기, 모형 만들기 등 생각하지 못한 다양한 것도 배울 수 있답니다.

e-book
종이로만 하는 독서는 이제 끝! 웹툰, e-book, 오디오북 등 여러 매체로 소설, 금융, 자기 계발, 만화 등 다양한 책을 읽을 수 있어요.

스마트 러닝 이야기

여러분은 스마트 러닝을 이미 경험했어요. 유행성 감염병으로 학교와 학원에 갈 수 없을 때 스마트 러닝으로 집에서 선생님과 수업한 적이 있었으니까요. 앞으로 기술이 더욱 발전한다면 가상의 학교에서 수업을 들을지도 몰라요. 그럼 선생님께 국어나 수학뿐만 아니라 더욱 다양한 수업을 들을 수 있겠지요. 가상의 캔버스에 직접 그림을 그리고 홀로그램으로 만들어진 악기를 연주하듯요. IT 기술이 그리는 미래의 스마트 러닝은 정말 궁금하지 않나요?

웨어러블 디바이스
Wearable Device
몸에 착용하는 기기

시계로 몸 상태를 체크할 수 있어.

🔍 웨어러블 디바이스?

스마트 시계, 스마트 옷, 스마트 안경처럼 입거나 쓰거나 차거나 신어서 사용하는 기기예요. 스마트폰 같은 장치와 연결해 사용할 수 있어요.

🔍 안전을 책임지는 웨어러블 디바이스

2019년, 국방 기술 활용 창업 경진 대회에서 한 에어백이 최우수상을 받았어요. 이 에어백은 공사장처럼 높은 곳에서 떨어지면 자동으로 펴져 사용자를 보호해 주는 웨어러블 디바이스랍니다.

웨어러블 디바이스 이야기

스마트 시계는 가장 잘 알려진 웨어러블 디바이스예요. 시계로 통화하거나 문자를 주고받고 걸음 수, 수면 시간, 체지방 등을 확인할 수 있어요. 스마트 시계 이외에도 자동으로 신발 끈을 조여 주고 진동으로 길을 알려 주는 스마트 신발도 있어요. 옷의 소매를 누르면 노래를 틀 수 있는 스마트 옷과 안경을 쓰면 화면이 나오는 스마트 안경 등 재미있는 웨어러블 디바이스가 많답니다. 미래에는 몸에 이식해서 쓸 수 있는 웨어러블 디바이스가 나올 수도 있다고 해요.

유비쿼터스
Ubiquitous

IT 기술이 구석구석 녹아 있는 세계

어디서든지 네트워크에 접속할 수 있어!

유비쿼터스?

유비쿼터스는 "어디에나 있다."라는 라틴어에서 유래했어요. 여러분이 컴퓨터에 접속하지 않아도 곳곳이 네트워크와 이어진 세계를 뜻해요.

사물 인터넷과 유비쿼터스

유비쿼터스는 구석구석 컴퓨터와 이어진 사회예요. 어디에서 많이 들어본 말이라고요? 맞아요. 바로 '사물 인터넷'이에요. 유비쿼터스는 사물 인터넷이 아주 발달한 세상이랍니다.

유비쿼터스 이야기

사물 인터넷이나 네트워크가 발달한 덕분에 어디서든지 인터넷에 접속할 수 있는 환경을 '유비쿼터스'라고 해요. 산속 깊은 곳에서는 전파가 통하지 않아 네트워크에 접속할 수 없잖아요? 완전한 유비쿼터스 시대가 온다면 언제, 어디에서나 접속할 수 있어요. 또 여러분 주변의 사물이 모두 인터넷에 연결되어서 더욱 편리한 생활을 누릴 수 있답니다.

마이크로 모빌리티
Micro Mobility

친환경으로 움직이는 이동 수단

마이크로 모빌리티?
전동 킥 보드나 전동 휠, 전기 자전거처럼 전기로 움직이는 탈것이에요. 전기를 에너지로 움직이기에 환경 오염이 적어요.

안전제일!
마이크로 모빌리티를 이용하려면 원동기 면허가 있어야 하고 보호구를 착용해야 해요. 안전하게 타려면 이 탈것에는 한 사람만 타야 해요.

마이크로 모빌리티 이야기

마이크로 모빌리티는 여러 장점이 있어요. 첫째는 혼자 이용하기 편하다는 점이에요. 혼자 사는 사람에게 마이크로 모빌리티는 딱 맞는 탈것이지요. 둘째는 '친환경'이라는 점이에요. 전기를 에너지로 하다 보니 화석 연료로 굴러가는 자동차나 오토바이보다 환경 오염이 적어요. 누구나 쉽게 조종할 수 있고 속도도 아주 빨라요. 하지만 장점만 있지는 않아요. 면허가 없는 사람이 타거나 보호 장비를 갖추지 않으면 크게 사고가 날 수 있어요. 그래서 2021년 5월에 마이크로 모빌리티에 대한 강력한 규제가 생겼답니다.

자율 주행
Self-driving
자동차가 스스로 운전하는 기술

> 자동으로 운전해서 목적지까지 데려다줘!

자율 주행?

자동차가 스스로 판단하여 운전하는 기술이에요. 인공지능 기술 덕분에 빠르고 안전하게 목적지까지 승객을 데려다줘요.

자동 긴급 제동 장치

자동차에는 자동 긴급 제동 장치가 있어요. 자동차 앞의 센서가 위험을 감지해 소리로 경고하거나 직접 속도를 줄여 주는 기술이에요. 갑작스럽게 일어날 수 있는 사고의 위험을 줄여 주는 고마운 장치랍니다.

자율 주행 이야기

직접 운전하지 않아도 자동으로 목적지까지 데려다주는 자율 주행! 누구나 꿈꾸는 미래의 멋진 기술이지요. 아쉽게도 완벽한 자율 주행을 할 수 있는 자동차는 아직 나오지 않았어요. 지금은 자율 주행 기술이 일부 적용되고 있는 단계랍니다. 자동으로 주차하거나, 사고가 날 것 같으면 차를 멈추거나, 일부 구역에서만 자동으로 운전해 주거나 위험한 상황에서는 운전자가 다시 운전대를 잡을 수도 있어요. 더 편리하고 좋은 차를 위해 사람들은 어떤 환경에서든 자동차가 스스로 운전할 수 있도록 자율 주행 기술을 연구하고 있어요.

커넥티드 카
Connected Car
네트워크를 활용한 자동차

커넥티드 카?

커넥티드 카는 '연결된 자동차'라는 뜻이에요. 네트워크와 연결되어 사용자에게 여러 편리한 기능을 제공하는 자동차랍니다.

전기 자동차

오늘날에는 화석 연료 대신 전기를 이용하는 자동차가 늘고 있어요. 전기 자동차는 환경에 도움도 되고 소음과 진동도 적어요. 다른 자동차와 다르게 하늘색 번호판을 갖추고 있어서 쉽게 알아볼 수 있어요.

커넥티드 카 이야기

가장 유명한 커넥티드 카 회사인 테슬라에는 전용 앱이 있어요. 이 앱 덕분에 차에 타기 전에 미리 히터를 켤 수도 있고 그동안 차를 타고 갔던 장소를 한눈에 볼 수도 있어요. 또 뉴스와 날씨 등의 정보를 전하기도 하고 실시간 교통 정보를 파악하여 운전자에게 가장 빠르고 안전한 길을 안내해 주기도 해요. 뭐니 뭐니 해도 커넥티드 카의 가장 멋있는 점은 '자율 주행'이에요. 머지않아 혼자서 무엇이든 척척 하는 똑똑한 자동차가 사람들에게 찾아올지도 몰라요.

GPS
Global Positioning System
정확한 위치를 알 수 있는 기술

> 실시간으로 위치를 알 수 있어.

⊶ GPS?

지도 앱에서 '내 위치'를 누르면 실시간으로 여러분이 있는 장소를 볼 수 있어요. 이러한 기술이 바로 GPS 기술이랍니다.

⊶ 신고자의 위치를 파악하라!

119나 112에 신고하면 소방서나 경찰서에 여러분의 위치가 보내져요. 소방대원들이나 경찰들은 GPS 기술을 이용한 덕분에 신고자의 위치를 빠르고 정확하게 살펴서 출동할 수 있답니다.

GPS 이야기

GPS는 하늘의 인공위성으로 여러분의 위치를 알아내요. 인공위성 여러 대가 동시에 위치를 조회하고 그 결과를 모아서 정확한 위치를 알려 줘요. GPS 기술은 내비게이션이나 지도 앱 등에 쓰여요. GPS를 이용한 게임도 있답니다. 여러 지역을 돌아다니며 다양한 몬스터를 잡는 게임은 물론, 여러분이 걸은 지역만큼 땅따먹기를 할 수 있는 게임도 있어요. 운동도 되고 재미도 있으니 그야말로 일석이조네요!

스마트 헬스
Smart Health

스마트 기기들을 활용한 맞춤형 건강 관리

스마트 헬스?

스마트폰, 스마트 시계, 스마트 반지 등을 이용해 건강을 실시간으로 살피는 시스템이에요. 여러분이 언제, 어디서나 건강할 수 있도록 도와준답니다.

유전자로 질병을 예측?

유전자를 분석하면 어떤 병에 걸릴지 미리 알 수 있다고 해요. 유전자 분석 기술과 스마트 헬스가 함께한다면 질병을 더욱 정확하고 신속하게 예방할 수 있어요.

스마트 헬스 이야기

아주 무서운 병인 암은 초기에 아무런 증상이 없기도 해요. 병이 심각해졌을 때야 비로소 발견하는 경우가 많지요. 하지만 스마트 헬스가 있다면 이런 무서운 병을 대비할 수 있어요. 스마트 헬스는 기기를 착용한 사람의 건강을 살피기 때문에 질병을 예측하고, 예방하며, 병에 맞는 의료 서비스를 해 줄 수 있어요. 사용자는 웨어러블 디바이스 등을 이용해 적극적으로 의료 시스템을 확인하고 참여할 수 있답니다.

스마트 팜
Smart Farm

IT 기술이 쓰이는 농장

스마트 팜?

농산물이 잘 자라려면 알맞은 환경을 유지해야 해요. IT 기술로 식물이 자라기 좋은 환경을 만들어 주는 농장을 '스마트 팜'이라고 해요.

가정용 식물 재배기

얼마 전, LG에서 선보인 가정용 식물 재배기 '틔운'이 큰 관심을 받았어요. 틔운은 집에서 상추나 허브와 같은 식물을 키우기 좋은 환경을 갖춰 주는 기계예요.

스마트 팜 이야기

사람들은 쌀, 밀가루, 옥수수와 같은 식물을 식량으로 먹지 않으면 살 수 없어요. 이런 식물들은 환경에 영향을 많이 받기 때문에 비가 많이 오거나 날씨가 덥고 추우면 키우기가 쉽지 않아요. 그래서 비가 오든 눈이 오든 사시사철 식물이 잘 자랄 수 있는 스마트 팜이 나타났어요. 놀랍게도 스마트 팜에는 흙이 없다고 해요! 흙 대신에 물과 영양분이 섞인 '양액'이 들어 있거든요. 햇빛을 받지 않지만 안에 갖춘 LED가 상황에 맞는 적절한 양의 빛을 쬐어 식물이 자랄 수 있게 해 준답니다.

스트리밍
Streaming

다운로드하면서 재생하는 기술

스트리밍?

음악이나 영상 파일을 받는 데에는 많은 시간이 걸려요. 스트리밍은 다운로드와 동시에 영상이나 음악을 재생하여 빠르게 즐길 수 있는 기술이랍니다.

생방송 스트리밍

인터넷이 발전하면서 누구나 자신만의 방송을 내보낼 수 있어요. 이런 사람들을 '스트리머(Streamer)'라고 해요. 이들은 인터넷을 통해 언제, 어디서든 생방송으로 방송할 수 있답니다. 덕분에 사람들과 가깝게 소통하며 많은 정보를 나눠요.

스트리밍 이야기

스트리밍 이전에는 영화를 보려면 파일을 모두 받을 때까지 기다려야 했어요. 당시는 컴퓨터나 인터넷의 속도가 느려서 영화 한 편을 보려면 많은 시간이 필요했지요. 스트리밍은 영상이나 음악을 쪼개서 전송하기 때문에 다운로드와 동시에 재생할 수 있답니다. 동영상을 보다가 미처 받지 못한 뒷부분으로 넘어가면 바로 재생할 수 없어요. 그래서 일정 시간을 기다려야 하지요. 물론 다운로드했던 옛날보다는 빠르지만요!

생체 인식 기술
Biometrics

사람의 신체 특징을 이용해 본인임을 인식하는 기술

귓바퀴로도 인증할 수 있다고?

생체 인식 기술?

홍채와 지문, 얼굴 등 사람의 고유 특징으로 본인 여부를 확인하는 기술이에요. 간단하고 안전하게 자신을 증명할 수 있어요.

특이한 생체 인식 기술

종류	설명
걸음걸이	CCTV 속 걸음걸이를 분석해 범인을 잡는다.
손목 정맥	손목의 정맥을 촬영해 분별한다.
귓바퀴	사람마다 달라서 지문처럼 쓸 수 있다.

생체 인식 이야기

비밀번호나 패턴으로 잠금을 풀던 시대는 갔어요. 이제는 지문이나 얼굴, 홍채로 스마트폰의 잠금을 열 수 있답니다. 이 가운데 지문 인식이 가장 익숙할 거예요. 그런데 어떻게 지문으로 신분을 확인하는 걸까요? 사람들에게는 모두 다른 지문이 있어요. 심지어 손가락마다도 지문이 다릅니다. 그 덕분에 지문을 보면 쉽게 사람을 구분할 수 있어요. 이러한 이유로 지문 감식은 기원전 700년 전부터 있었어요.

홀로그램
Hologram

3D로 보는 영상

실감 나게 튀어나오는 기술이라니!

홀로그램?

홀로그램은 그리스어 'Holos(전체)'와 'Graphein(쓰다)'을 더한 말이에요. TV나 스마트폰에서 보는 영상은 평면적이에요. 홀로그램은 영상이나 사진을 입체적으로 내보내 생생하게 보여 주는 기술이랍니다.

3D 안경

3D 영화를 보면 영화관에서 3D 안경을 줘요. 이 안경을 쓰면 영상이 튀어나오는 듯 실감 나게 보이지요. 미래에는 3D 안경 없이도 입체적인 영상을 볼 수 있을 거예요.

홀로그램 이야기

미래에는 화면으로 보는 평면 영상을 허공에 떠 있는 입체 홀로그램 영상이 대신할 수도 있어요. 이런 홀로그램 영상이 생각지도 못한 곳에 쓰이고 있대요. 바로 엘리베이터 버튼에 말이에요. 이 홀로그램 버튼은 감염병이 퍼지며 위생이 중요해지면서 엘리베이터 버튼을 누르기 망설여지는 사람들을 위해 만들어졌어요. 공중에 떠 있는 홀로그램 버튼을 누르면 원하는 층으로 이동할 수 있답니다. 우리나라에서는 청주 공항에 가면 볼 수 있어요.

기타
3D 프린터 ·112
CPU ·20
DDos ·94
e커머스 ·118
GPS ·154
HTML ·100
IP 주소 ·70
IT ·68
NFC ·114
NFT ·126
SNS ·106
UI ·54
VPN ·96
QR 코드 ·116

가상 현실 ·120
가상 화폐 ·124

네트워크 ·74

데이터 암호화 ·86
드론 ·132
딥페이크 ·134

마이크로 모빌리티 ·148
머신 러닝 ·130
멀티미디어 ·102
메모리 ·22

메타버스 ·136
모바일 앱 ·58

바이러스 ·88
바이트 ·72
반려 로봇 ·122
방화벽 ·84
백업 ·46
버그 ·48
부팅 ·32
블루투스 ·76
빅 데이터 ·138

사물 인터넷 ·140
생체 인식 기술 ·162
서버 ·50
소프트웨어 ·28
슈퍼컴퓨터 ·62
스마트 러닝 ·142
스마트 팜 ·158
스마트 헬스 ·156
스트리밍 ·160
스팸 메일 ·92

아이콘 ·56
알고리즘 ·38
와이파이 ·78
운영 체제 ·30
웨어러블 디바이스 ·144
웹 사이트 ·98

유비쿼터스 ·146
유틸리티 소프트웨어 ·42
응용 소프트웨어 ·40
인공지능 ·128
인터넷 ·80
입력 장치 ·24

자율 주행 ·150

출력 장치 ·26

커넥티드 카 ·152
컴파일러 ·36
쿠키 ·104

파일 ·52
프로그래밍 언어 ·34
프런트엔드와 백엔드 ·60
프리웨어 ·44
피싱 ·90

하드웨어 ·18
해킹 ·82
홀로그램 ·164